ALFRED KAMPHAUSEN

NORDFRIESLAND

LANDSCHAFT UND BAUTEN
VON DER EIDER BIS ZUR WIEDAU

Zeichnungen von HANS PHILIPP

FÜNFTE, ÜBERARBEITETE AUFLAGE

WESTHOLSTEINISCHE VERLAGSANSTALT BOYENS & CO.
HEIDE IN HOLSTEIN

ISBN 3-8042-0114-8

5., überarbeitete Auflage
Printed in Germany
Gesamtherstellung: Westholsteinische Verlagsanstalt Boyens & Co., Heide in Holstein

Vorwort

Nordfriesland, das von Wassergewalt zerschlagene und wieder gewachsene Land zwischen Eider und Wiedau, hat mit seiner Weite und wohl auch Wehmut seit mehr als 100 Jahren Dichter, Maler und Zeichner gelockt. Viele Bilder zeugen davon, und Küste und Halligen sind die immer wiederkehrenden, oft zum Übermaß gebotenen Motive. Aber es hatte sich bisher noch niemand aufgemacht, das Ganze dieser Landschaft künstlerisch zu erschließen und als große Einheit zu erleben. Wer wollte es dann gar, um die eingebrachte Fülle in einem Buch darzubieten?

Die Photographie, der man vorschnell einräumt, sie sei dokumentarisch, beherrscht das Feld, dient willig der Reportage und ist denen recht, die keine Zeit zu haben behaupten. Die Photographie kann allen Glanz haben, sogar Klang gewinnen, aber dem, der tiefer sehen und erkennen möchte, rät der Erfahrene, den Apparat beiseite zu legen und statt dessen zu zeichnen. Wer Zwiesprache mit dem Gegenstand haben will, vermag das nicht mittels der Photographie, er wird es aber mittels der Zeichnung können, denn in ihr ist Atem und Leben. Eine Zeichnung ist auch kein fix und fertiges Ding, sondern wenn sie aus der Künstlerhand entlassen, bleibt sie im Werden. Ein Ton wird angeschlagen, er weckt Melodie und Nachsinnen, wenn man sie weglegt. Auf einer Photographie kann jemand, der sein Sehen nicht mehr pflegt, Dünen vor Westerland mit solchen bei Oostende verwechseln, und man wird die Brillanz der Aufnahme loben. Eine Zeichnung, die das zuließe, wird man als ungenügend verwerfen, denn in guter künstlerischer Zeichnung liegt auch Deutung, sie hebt das Wesenhafte über die Erscheinung hinaus.

Solche deutenden Zeichnungen hat Hans Philipp geschaffen. Er war Architekt, und das erklärt seine Vorliebe für die gewichtige Gestalt, aber auch das freie Malen und Zeichnen lag ihm vom Vater, dem Porträtmaler Caesar Philipp, im Blut. In der Nachkriegszeit sah er sich in Schleswig-Holstein um, begann 1947 in Eiderstedt zu zeichnen, und diese selbstgestellte Aufgabe hat ihn gefesselt. Er zog weiter durch Nordfriesland, auf die Inseln und Halligen. Tief hat er hineingesehen in das, was ihm wesentlich schien, und die, die diese Landschaft ihre Heimat nennen, haben ihre Sicht in der seinen heller und erkannter wiedergefunden. Es war Hans Philipp nicht darum zu tun, eine künstlerische Subjektivität durch eigenwillige Reflektionen vorzuführen. Er wollte vielmehr mittels des Zeichenstiftes, besonders mit der einem wehenden Strich entgegenkommenden Kohle, von der wirklichen Gegebenheit Zeugnis geben.

Diese Beschreibung mittels des Wortes folgt den Zeichnungen, ohne diese zu erläutern, denn das würde einen Mangel in ihnen vermuten lassen. Sie begleitet vielmehr, indem sie auf Landeskundliches und Geschichtliches eingeht und versucht, auch dem Menschen Nordfrieslands nahezukommen. Deshalb ergreift dieser selbst oft das Wort, um von sich zu zeugen. Aber es soll keine Chronik sein, sondern eher ein Beieinander von aphoristischen Betrachtungen, die hier und dort ein neues Licht aufsetzen, anderes nur zu erinnern haben. Die Absicht wäre erfüllt, wenn alte Liebe bestärkt und neue geweckt wird.

Kiel, im Februar 1973   Alfred Kamphausen

Haubarg „Eckhof" (abgetragen). Grothusenkoog an der Eider

Bauernland Eiderstedt

Weiten Atem hat das Land, das sich nordwärts der Eider dehnt, weiteren als das dagegen vielgestaltige Holstein und Dithmarschen. Aber, was dem Fremden nichts anderes als endlose Ebene scheint, ist dem Menschen dieses Landes, dem Friesen, Ereignis, ein sich vollziehendes Geschehen. Er sieht sich selbst als Handelnden darin. „Deus mare, Frisa litora fecit" ist seine stolze Devise, die er auf Lateinisch wissen will, wenn er sich in der Weite der grünen Marsch umschaut. Geschehen, noch im Vollzug des vorgestaltlichen Werdens bietet sich dem, der den Deich übersteigt. Da wälzt sich am Rande der Tiden blau-grauer Schlick, schiebt sich heran, Wasser und Wind geben ihm einmal dieses, einmal jenes Profil. An den in das Wasser hineingreifenden Lahnungen setzt er sich fest, begrünt zaghaft mit wäßrigem Queller, schließlich mit Gras, und im Wechsel von Werden und wieder Zersetzen entsteht Land, Vorland, und verspricht Zukunft, neue Köge und Besitz. Geschehen ist in den Dünen der Inseln, deren Höhe der Wind auftreibt und immer

Fischerhäuser in Klein-Olversum an der Eider

neu zeichnet, deren Sand weht und wandert, verdeckt und erstickt, was gestern noch blühen wollte. Geschehen, das angstvoll verfolgt, aber dem man nicht ausweichen will, faßt nach den Halligen, wenn der Sturm das Wasser hochpeitscht, das Land in den grauen, schäumenden Fluten versinkt und das Wasser bald durch die Haustüren bricht, wenn das „Land unter" zur würgenden Not wird, wenn die Insel Sylt zwischen Tinnum und Rantum durchzubrechen droht, wenn die Flut die Krone der Winterdeiche des Festlandes erreicht und ertrunkenes Tier, zerbrochenes Gerät aus den Sommerkögen auf der erregten Gischt gaukelt. Und über allem, über dem Geestrand mit seinen geschlängelten Sandsteigen und seinen vielen Heimlichkeiten, über der wie mit dem Richtmaß offenbar geordneten Marsch, über dem stillen Vorland jenseits des Deiches, an dessen Rand sich immerwährend der dritte Schöpfungstag vollzieht, und über der das alles sowohl in Geschichte als in Gegenwart verursachenden See breitet sich der nämliche Himmel, sei es als hoch überkuppelnder Zenit, in den hinein wie zu seiner noch größeren Majestät sich von Meer und Land aus die Wolken bauen, sei es, daß er selbst von Wettern durchfegt und mächtigeres Geschehen wird als alles, was unter ihm ist.

Sehr verschieden wurde in der Vergangenheit das Land gesehen. Der zum Poetischen geneigte Interpret der Ost- und Nordseelandschaften des „malerischen und romantischen Deutschland" seufzt 1847 angesichts der Aufgabe „über die nebelverdüsterten Sanddünen der Nordsee und über die von Heide, Sumpf und Moor durchzogenen Flächen, in denen die grünen Wiesenteppiche der Marschen mit der homerischen Fülle schwer wandelnder, krummgehörnter Rinderscharen und erdstapfender Roßherden spärliche Oasen bilden, das Zauberlicht der Romantik auszugießen". Auch wer es wie Friedrich Feddersen bekennt, daß die Liebe des Zugehörigen zu Land und Volk seine Beschreibung bestimmt, schränkt 1853 in seiner „Beschreibung der Landschaft Eiderstedt" ein: „So fehlt dem Lande das, was sonst als der Landschaft Reiz und Zierde angesehen wird, Holz, Flüsse, Seen und Hügel, Berg und Tal in buntem Wechsel – und doch rühmt der Eiderstedter sein Land auch in Hinsicht der Aus- und Ansichten. Eben das Freie, Unbeengte; die durchgängige Wohlhäbigkeit in den Wohnungen...; die Fruchtbarkeit der Felder, das üppige Grün der Weiden, überall die emsig sich nährenden Rinder, Pferde, Schafe; im Vorsommer die gelben Rübsamenfelder, die kräftigen Kornäcker." Es könnte hier scheinen, als tausche man zum Troste ungenügende Bildwürdigkeit gegen die wohlnährende Nützlichkeit ein. Aber es ist doch mehr! Bei Fremden mag es das Bild sein, das etwa I. G. Kohl 1846 erlebte, als er von Bredstedt aus in die Marsch hineinfuhr: „Vor mir, zur Rechten und zur Linken, lagen unabsehbare Wiesenflächen, in der Nähe und Ferne mit Herden weidender Rinder bedeckt, selbst von den entlegensten Weiden schimmerten noch wie Wiesenblümchen die bunten Rücken der Ochsen und Kühe." Bei den Einheimischen ist es mehr das Wissen um das Geschehen in der immer von der See bedrohten und doch in der Stille sich zu heimlichen Lebenswundern entfaltenden Landschaft. So erlebte sie in

Schleuse in Katingsiel an der Eider

Kirche in Westerhever/Eiderstedt

der weiteren Betrachtung und Deutung schon Friedrich Feddersen. Und mit ebenso empfundenen wie schillernden Worten hat es Theodor Storm auszusagen gewußt:

Wie brennend Silber funkelte das Meer,
Die Inseln schwammen auf dem hohen Spiegel,
Die Möwen schossen blendend hin und her,
Eintauchend in die Flut die weißen Flügel.

Im tiefen Kooge bis zum Deichesrand
War sammetgrün die Wiese aufgegangen;
Der Frühling zog prophetisch über Land,
Die Lerchen jauchzten und die Knospen sprangen. –

Entfesselt ist die urgewalt'ge Kraft,
Die Erde quillt, die jungen Säfte tropfen,
Und alles treibt, und alles weht und schafft,
Des Lebens volle Pulse hör' ich klopfen.

Die Pulse spürt man noch in dem Land, das hinter den schützenden Deichen nur dem Nutzen dienstbar zu sein scheint. Schon seine Gestalt ist das gute oder böse Ergebnis noch erinnerter Geschichte. Diese Geschichte steht nicht allein in Chroniken, sondern ist der Landschaft selbst aufgeschrieben, die darüber dicht und buckelig wurde. Da ziehen sich noch die alten Deichreste hin, und viele verlassene Warften bezeugen Wandlung und Schicksal. Die einzelnen Fennen, heute Weidestreifen, haben ihre Rundung einst von dem Pflug erfahren. Wer Eiderstedt eine Steppe nennt, hat somit kein Auge für dieses bezeugte Werden in der Landschaft und sieht vielleicht nicht einmal die vielen stillen Schönheiten am Grabenrand und hinter den dichten Baumbeständen, die das Leben auf einer Warft decken und schützen. Dazu gehört zwar auch ein heller Blick. Wer ihn besitzt, kann es erkennen: So wuchs Eiderstedt, in dem wir uns zuerst umsehen wollen, aus zwei oder drei nördlich der Eidermündung gelegenen und schon im Mittelalter durch Deiche überbrückten Inseln zusammen. Zwei kleinere bildeten die weit westlich gelegene Utholmharde mit dem Hauptort Tating, eine große lag in ihrem Schutz und war in zwei Harden, die Everschopharde und die Eiderstedtharde mit den Hauptorten Garding und Tönning aufgeteilt. Die Namensform dieser Orte, von denen Tating und Garding auf Nehrungssanden liegen, weist bis in die ersten Jahrhunderte nach der Zeitwende zurück. Die schon im Mittelalter mit einem dichten Netz von Kirchen überzogenen, demnach voll besiedelten und vermögenden „Utlande" haben manches Begehren bei Fürsten und Nichtfürstlichen geweckt, und oft war die Verteidigung not. Aber als 1489 der Dammkoog gewonnen war, Eiderstedt mit ihm seine Inselstellung verlor und Anschluß an das schleswigsche Festland fand, hat es doch vermocht, daß seine bisherige Sonderstellung politisch noch anerkannt wurde und daß es verwaltungsmäßig eine Eigenheit blieb. Diese Eigenheit ist aber eher noch als in der Erinnerung an die eigene Geschichte und an ein eigenes, 1426 nie-

Haubarg Friedrich Tetens in Böhl

Stall im Haubarg Friedrich Tetens, Böhl

12

dergeschriebenes Recht, „die Krone der rechten Wahrheit", im gegenwärtigen Bild der tiefgrünen Landschaft offenbar.

Nirgendwo anders dehnen sich so weite sattgrüne Weiden, und an keinem anderen Ort – dünkt uns – ist der Auftrieb der Ochsen, vormals der Shorthorn und dann der Schwarzbunten, so dicht, und niemand scheint sich darum zu kümmern. Wenn sie im April in diese Weite, in der die baumbesetzten Warften und Höfe wie Inseln schwimmen, hineingetrieben werden, fangen sie an zu fressen und hören auf, wenn sie im Spätherbst herunter müssen, um den Weg zu den Märkten und Schlachthöfen zu nehmen. Man sagt dem Eiderstedter Bauern ein bequemes Leben nach. „Die Liebe zur Bequemlichkeit", die aber nicht Müßigkeit sei, sondern zur Teilnahme an den Geschicken der Gemeinde und des Landes bereit mache, weiß nicht erst Friedrich Feddersen hervorzuheben. Man unterstellt, daß der Eider-stedter Bauer wohlhabend sei und daß ihn das befehlerisch mache. Der Husumer Caspar Danckwerth meint gar 1652 in seiner „Newen Landesbeschreibung", die Eiderstedter „seynd von Gemüthe etwas hochtrabend, halten viel auf sich und ihre Nation, verachten die Fremdlinge, als ob sie nicht so ädel wären als sie". Solch

Tetenshof, Welt, Eiderstedt – Das „Vierkant" (Dachkonstruktion)

wenig liebevolle Charakteristik liegt offenbar immer nahe, wenn bäuerlicher Wohlstand denen mißhagt, denen die Karikatur des Dummhans Leitbild ist. Aber die überlegene Verschlossenheit, die dem Eiderstedter nachgesagt ist, läßt hier das herbe Urteil bestehen. Der Dithmarscher Marschbauer, dessen Wirtschaftsform der des Eiderstedters ähnlich ist, gibt sich lebendiger und ist eher zur Aussprache bereit.

Man kann wohl auch die Eigenart der Häuser dieser Landschaft besser verstehen, wenn man etwas von den Menschen weiß, die sie sich errichteten. Die Eiderstedter Haubarge sind in Umriß und umschlossenem Raum die großartigsten Bauernhäuser, die wir kennen. Wie mächtige Pyramiden, Bergen gleich, erheben sie sich aus der so grenzenlos scheinenden Ebene, abständig voneinander, als sei jedes ohne Wissen von dem anderen. Auf einer aufgetragenen Warft gelegen, steigt über mannshohem Mauerwerk das riesige Reetdach empor, erreicht die Wipfelhöhe der die Hofstelle wie einen Kranz umfassenden verwehten Bäume und endet spitz mit einer kurzen Firstlinie. Mit einer souveränen Gelassenheit stehen sie über dem Land, das bereit ist, seine Erträge ihnen zu geben. Aber eindrucksvoller noch als das Äußere, dessen immense Größe erst dem Nahetretenden offenbar wird, ist das Innere, die bei aller Erwartung so nicht vermutete Raumweite des Vierkants. Der schon erwähnte welterfahrene Reisende, J. G. Kohl schildert 1846 das Erlebnis: Der Bauer machte nicht viel Umstände, als er ihn empfing, er

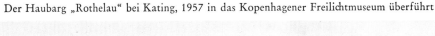

Der Haubarg „Rothelau" bei Kating, 1957 in das Kopenhagener Freilichtmuseum überführt

14

Hauberg „Sandhof", Klein-Olversum. 1951 durch Blitzschlag zerstört

führte ihn „in einen großen weiten Raum, der höher und breiter als eine Kirche war, und stellte mich da zwischen vier 40 Fuß hohe Eichenbalken, die im Quadrat 30 Fuß weit auseinander standen und das Dach jenes Hauses trugen. ‚Dies', sagte er, ‚ist der Vierkant, der Mittelpunkt meiner Wirtschaft, in dem ich alle meine Schätze, Heu, Getreide, aufbewahre, mit einem Worte, der sogenannte Heuberg, dem zuliebe auch unsere ganzen Bauernhöfe Heuberge genannt werden.' Ich hatte nie ein so hohes und wunderliches Kornmagazin gesehen. Da es, so viel ich weiß, sonst nirgends in der Welt Vierkants oder Heuberge gibt als nur in Eiderstedt, so will ich hier bemerken, daß diese eigenthümlichen Scheunen in einem Quadrate dessen Seiten 70–90 Fuß Länge haben, gebaut und dann mit gewaltig großer, breiter und hoher Dachfläche gedeckt sind, die in der Mitte, ich glaube wohl 60 Fuß hoch, spitzig wie ein Thurm zusammenläuft. Da das Dach sich bei so großer Breite schwer in sich selbst erhalten würde, so hat man in der Mitte jene vier großen Eichenbalken aufgestellt, die mit Querbalken verbunden sind. Da die vier Balken eigentlich die Hauptträger des ganzen Gebäudes sind, so nennen sie auch wohl den ganzen inneren Raum die Vierkant. Da aber das ganze Bauwerk von außen wie ein hoher Berg aussieht, so dachte ich mir erst, sie hätten es wohl deswegen den Heuberg genannt, doch ist es wahrscheinlicher, daß wir das Wort wie unsere Herberge

15

Der „Rote Haubarg" bei Witzwort

von bergen herleiten müssen." Das Besondere dieser Großhäuser, die von den Forschern der Familie der Gulfhäuser zugeordnet werden, ist zu Recht erkannt. Die Haubarge entstanden seit dem endenden 16. Jahrhundert als Zeugen einer wirtschaftlichen Hochblüte. Vorher waren auch hier Langhäuser verbreitet, die vereinzelt noch neben den Haubargen bleiben konnten und auch in den Katen erinnert werden. Das Datum 1653 am Giebel eines der Haubarge, dem Rothelau, benennt den nachträglichen Ausbau. Ihre Voraussetzung haben die Haubarge in den südfriesischen Gulfhäusern, die holländischen Stelphäuser sind von gleicher Konstruktion. Sie sind dann nach hier gekommen, finden sich aber nicht nur in Eiderstedt, sondern früh auch in der Wilstermarsch und nordwärts bis in den Christian-Albrechts-Koog hinein. Aber das nimmt denen in Eiderstedt nichts von ihrem Ruhm, denn so großartig wie hier ist die Raumgestalt der übrigen Gulfhäuser nicht. Daß die Haubarge, die ihren Namen nicht von veritabelen Bergen, sondern von dem in ihnen zu bergenden Heu haben – in der Wilstermarsch heißen sie verständlicher „Barghäuser" – so aufwachsen konnten, hat man erst einmal aus einer einmaligen Wirtschaftskraft Eiderstedts erklärt, die durch das Korngeschäft des 16. Jahrhunderts entstand, das infolge der politischen und kriegerischen Wirren, in die die Habsburger ganz Westeuropa stürzten, bis zur freibeuterischen Spekulation ging. Aber das ist es nicht allein. Auch eine weitere Voraussetzung, die sich damit zugleich groß entwickelnde Viehzucht, reicht zur Erklärung nicht hin. Es

16

Diele im „Roten Haubarg"

Dielenwand aus dem Haus des Ratmanns Peters, Tetenbüll

spricht zweifellos noch das weniger Wägbare einer besonderen Haltung der hier seßhaften Menschen hin. Das wirtschaftliche Erfordernis kann die äußere Größe bestimmen. Daß sie zur Gestalt wurde, bezeugt ein inneres Vermögen. Ein „gebautes Heldenlied" nennt der verläßliche Kenner deutscher Bauernhäuser, Gustav Wolf, den Eiderstedter Haubarg.

Um etwas von dem Wesen zu erfassen, sollte man sich einiger Besonderheiten bewußt werden. Das Hallenhaus, das vornehmlich dort steht, wo Niedersachsen wohnen, also südlich der Eider, das aber auch in der Landschaft Stapelholm gefunden werden kann, richtet sich zur Straße. Dieser wendet es seine Grot-Dör, das mächtige, auf Kosten des Walmes aufgreifende Tor zu, mit ihm erschließt sich die mehr weite als hohe Deel, an deren Ende die Wohnräume liegen. Das ist alles offensichtlich und wohlmeinend aufgeschlossen, und wenn es mit dem Bauern zu sprechen gilt, geschieht es erst einmal auf der „Deel", dem von den Viehständen gesäumten Arbeitsplatz. Der Eiderstedter Haubarg liegt dagegen gern ein gehöriges Ende von der Straße zurück, und ein Hecktor schirmt die Hauswarft noch ab. Auf Nachbarschaft, auf gereihtes Beisammensein ist er gar nicht bedacht, er steht für sich allein. Tritt man durch das Hecktor, folgt man nicht der Krümme des Fahrweges, der zu einer Großtür führt, die nicht bedeutsam inmitten der schmaleren Seite des Hauses, sondern an der Ecke liegt. Der Vollwalm des Daches ist über

Haubarg „Trindamm" bei Tetenbüll

14. VII. 1947

18

Hauberg Hamkens in Tating

diesem Tor zwar etwas angehoben, aber nur so weit, wie es zur Einfahrt der Ackerwagen erforderlich ist. Er steht überdies ebensowenig einladend offen wie die kleinere Tür an der anderen Ecke dieser so kargen Hausseite, die sich zuerst dem Blick bietet. Man geht also an der längeren Hausseite entlang, wo ein Teil von Stall-, der andere von Wohnfenstern eingenommen ist und wo zwischen beiden die doppelflügelige Haustür liegt, von einem ein- oder zweistöckigen Giebel überbaut, von dem man meint, er sei errichtet, um im Falle, daß das Haus aufbrennt, den Bewohnern einen sichereren Ausgang zu garantieren, als wenn das Reetdach bis über den Türsturz hängt. Das ist eine sehr utilitaristische Erklärung. Wesentlich dürfte die Betonung des Eingangs zum Wohnteil sein. Hier wird man dem Bauern begegnen und erkennen, daß er nicht im Betrieb aufgehen will, sondern ein gepflegtes Wohnen betont. Den vielräumigen Wohnteil nennt er Vörhus, auch wenn es zum rückwärtigen Garten hin liegt, und der Wirtschaftsteil mit seinem hohen, das ganze Haus tragenden Vierkant, der Loo und den Ställen ist im Achterhus. Im Fachhallenhaus der Sachsen besteht die umgekehrte Relation, es sei denn, es wären Wandlungen vorgenommen, wie wir sie in der Marsch des südlichen Dithmarschens und bei den Husmannshäusern der Wilstermarsch sehen.

Aber trotz solcher Benennung und Bewertung wird die Gestalt der Eiderstedter Haubarge im Achterhus, eben in dem Vierkant erlebt, und seine Größe ist auch der Stolz des Eigentümers. Hoch auf greifen die Eichenständer, deren Härte

19

Haubarg „Junkernhof“, Kotzenbüll

ein Beil springen läßt, weit über dem Blick sind sie mittels durchgezapfter Stichbalken und dann mit überstehenden Längsbalken verbunden und ergeben so den Stuhl, an den die riesigen Dachflächen lehnen. Das ergibt einen weiten und durch die Einfachheit feierlich stillen Standraum, der sich an Geformtheit mit den großen Raumleistungen hoher Kunst messen könnte. Aber dieser Vierkant soll nicht freier Raum sein, sondern Stapel des eingebrachten Getreides. Daß er es heute nicht mehr ist, sondern infolge der Umstellung der Eiderstedter Landwirtschaft auf Fettweide und dann noch auf Frühdrusch leer bleibt, bedeutet Gefahr. Der Nutzen ist nicht mehr gegeben, und ein Haubarg nach dem anderen wird abgedeckt und niedergelegt. Wir möchten aber nicht, daß die Kunde von dem Vermögen, das sie entstehen ließ, zur nur noch zweifelnd vorgenommenen Sage wird. Daß der von den überkommenen Haubargen älteste, der Rothelau, ein in seiner Kargheit besonders eindrucksvoller und in seiner Knorrigkeit liebenswerter, abgebrochen und von dem dänischen Freilichtmuseum Lyngby übernommen wurde, hat alle Freunde Eiderstedts tief getroffen, und der Trost, daß dieser Vorgang Anlaß zur Gründung eines Vereins für ein schleswig-holsteinisches Freilichtmuseum gab, war Resignation und offenbart die ganze Problematik der Heimatpflege.

Immerhin, noch gibt es eine stattliche Reihe großartiger Beispiele. Zwar sind es keine 400 mehr, wie sie um 1900 gezählt werden konnten. 1930 waren es noch 160, heute ist die Zahl wiederum unter die Hälfte gesunken, doch sind besonders

Der Liethshof bei Kating

wertvolle darunter erhalten. In Tating findet sich eine größere Zahl, vornehmlich der mächtige Haubarg Hochdorf, in einem selbst Fürsten anstehenden Park gelegen. Das 1764 datierte Haus hatte bis 1821 drei Vierkante hintereinander und ist heute verkürzt, wir nennen es dennoch, weil es die Variations- und Dehnungsmöglichkeit des Grundtypes zeigt. Die geschlossenere Form, der Haubarg Johannes Hamkens, gleichfalls aus dem 18. Jahrhundert, trifft die gültigere Art. Zwei immer wieder genannte und bewunderte Häuser sind der Staatshof bei Tetenbüll, dessen älteste Teile aus dem 17. Jahrhundert stammen – 1623 steht als Datum über der Grotdör –, der dann seit etwa 1750 vergrößernd umgebaut wurde, und der Rote Haubarg bei Witzwort, für den ähnliche Daten gelten. Am Staatshof wird man staunend den „barocken" Gehalt am Vörhus feststellen, angefangen bei dem noch aus den Anfängen des Baus stammenden gewölbten Keller über die Alkovenrahmen in den Wohnräumen bis zum Äußeren. Dort wird man den in den Proportionen gut gebundenen Kücheneingang und vornehmlich den Südflügel bewundern, dessen Tür von zwei hochgesockelten Pilastern und einem wulstig und zugleich zart profilierten Korbbogen umfaßt wird. In diesem gemauerten Rahmen sitzt mit reichem Schnitzwerk die durch ein Oberlicht bereicherte Tür, deren Sturz so bewegt ausgeschwungen und dabei so tief und schattenfangend gekehlt ist, wie es nur das 18. Jahrhundert vermochte. Gegen 1770 mag diese Tür entstanden sein, und ihre raumhafte Form paßt nicht ganz zu den flach und ohne viel Leibung in der Wand

21

Alte Küche im Haubarg Liethshof, Kating

liegenden Fenstern, aber was ficht das an, die Tür ist das betonte Motiv, dem sich die umgebende Wand und der Giebel unterwerfen, das einzige Schmuckstück, das sich in dem Ganzen bietet, aber dieses ist es auch mit Bewußtsein. Der Name schon bezeugt es, „Staatshof" will als Prachthof verstanden sein (Abb. S. 25).

Der „Rote Haubarg" hat seine Würde dagegen nicht von vorgezeigtem Schmuck, sondern durch seinen Habitus. Er hat wahren Adel, der sich in der Verhaltenheit sowohl als in der Fehlerlosigkeit der Erscheinung zeigt. Einmalig sicher sind die Flächen des mächtigen Kubus bemessen, und einmalig ist auch die Vielräumigkeit des Vörhus, das zweigeschossig ausgebaut eine Durchfensterung zeigt, deren Vielzahl den Volksmund beschäftigte. So entstand die Sage, daß hier der leibhaftige Teufel überlistet sei, denn er habe diesen Riesenbau versprochen und sich einer christlichen Seele versichert, wenn er bis zum Hahnenschrei das Werk fertigbrächte. Aber 99 Fenster waren darin, als der Hahn krähte, das 100. fehlte noch, und die Wette war damit für den Teufel verloren. Anfang des 17. Jahrhunderts war die Herzoginwitwe Augusta, eine Schwester des anspruchsvollen dänischen Königs Christian IV., die Besitzerin des Hofes. Von dem damaligen Bau dürfte aber wohl nur noch die sandsteinerne Wappenplatte über der Haustür stammen. Das Bild, das der jetzt der Stadt Husum gehörende Bau bietet, ist durch das spätere 17. und im Achterhus durch das 18. Jahrhundert bestimmt.

Landschaft vieler Kirchen

Aber Eiderstedt ist nicht nur das Land der mächtigen Haubarge, es ist auch eine Landschaft der durch reiche Ausstattung beachtlichen Kirchen. Wer von Dithmarschen herüberkommt, wundert sich schon über deren Zahl. Er kann von einer Turmspitze zur anderen sehen. Die Eiderstedter waren offenbar eifriger im Kirchenbau und in kirchlichen Dingen als ihre hier eher unbesorgten Nachbarn im Süden. Sechzehn Bauten sind noch mittelalterlich oder haben in späterer Neugestalt mittelalterliche Reste bewahrt. Die 1854 errichtete Kirche zu Uelvesbüll ersetzte einen mehr westlich gelegenen Bau, der noch auf die Zeit um 1300 zurückging. Die mehr als doppelt so große und erheblich dichter besiedelte Dithmarscher

Der Hauberg „Hochdorf" in Tating

23

Der „Staatshof" in Tetenbüll

Alkoven im „Staatshof" Tetenbüll

Haustür des „Staatshofs" in Tetenbüll

Marsch zählt nur zwölf Kirchen mittelalterlichen Ursprungs. Wir wollen damit keine Wertberechnung aufmachen, denn Dithmarschen besaß in Meldorf einen ersten kirchlichen Mittelpunkt, die auf karolingischen Ursprung zurückgehende Gaukirche, deren Gebiet bis in die Reformationszeit hinein und selbst bis heute noch privilegiert blieb, so daß hier lange keine Aufteilung und damit Vermehrung der Gotteshäuser erfolgte. Die ersten für Eiderstedt gegebenen Daten liegen am Beginn des 12. Jahrhunderts, und es gab kein in der Geschichte begründetes Privileg der einen Kirche vor der anderen. Doch solche Überlegungen, die dem Historiker anstehen, erklären nur zu einem Teil, die unterschiedliche Dichte oder Abständigkeit bleibt und wird auf friesischer Seite bemerkt, obwohl die Sagen hier und dort gleichlauten, daß selbstbewußte Bauern, hier die Bojemannen in Garding, den Priester vor dem Altar erschlugen, weil er mit dem Beginn des Gottesdienstes nicht auf sie gewartet, sie also nicht respektiert habe. Das sind Erzählungen zum Zeugnis des Herrenbewußtseins in der Marsch, des Herrenbewußtseins selbst der Kirche gegenüber. Aber eben dieses Bewußtsein war es auch, das für die reiche Ausstattung der Kirchen Antrieb gab, besonders wenn wirtschaftlicher Wohlstand dazu drängte, sich zu zeigen. Wieder sind es vornehmlich die letzten Jahre des 16. und die ersten des 17. Jahrhunderts, aus denen wertvollste Ausstattungsstücke stammen. Die großen Gemälde des in Tönning angesiedelten Niederländers Marten van Achten in den Kirchen von Garding und Oldenswort widerlegen den, der in ländlichen Bezirken nur hausbackene Malerei vermutet. Was von Marten van Achten an Raffinessen in der Komposition und an aufreizender Farbigkeit geboten wird, dürfte nicht nur den exzentrischen Meister, sondern auch die Erlebnisbereitschaft seiner Auftraggeber ausweisen. Welch prächtige Leistungen der Schnitzer nicht nur, sondern auch der sie auffordernden Stifter sind zum anderen die in der Mehrzahl der Kirchen noch erhaltenen prunkenden Abendmahlsbänke des 17. und 18. Jahrhunderts!

Aber man soll Kirchen nicht wie Museen betreten, um einzelne Köstlichkeiten zu betrachten. Sie sind Gotteshäuser, Orte lebendiger Gemeinden, in ihnen hebt sich im doppelten Wortsinn Geschichte auf, denn was vor Generationen galt, ist heute ebenso gültig, und die Zukunft ist weniger Ziel als Erwartung. Der der Gemeinde Zugehörige wird auch ein formschönes Altarbild, ein noch so herrlich geschnitztes Gestühl in der Regel nicht als Kunstwerk, sondern danach bewerten, wie sie zu seinem Leben in Bezug stehen. Das ästhetisch Gleichgültige oder gar Mangelhafte kann ihm deshalb wesentlicher sein als das, was die beschreibende Literatur hervorhebt. Er wird darüber das Ganze erleben, den Raum der Geborgenheit, in dem dem Einzelnen gewesene Geschlechter zur Gegenwart werden und vermutlich Kommendes als Dauer gewertet wird. Als Räume, in denen die Zeit verweilt und die sich im eingebrachten Leben eigentümlich verdichtet haben, in denen Altar, Kanzel und Taufe wie Organe sind, soll sie auch der Wanderer sehen.

Das Äußere der nordfriesischen und der Eiderstedter Kirchen ist zwar karg und verwittert, aber die oft lässige Behäbigkeit deutet schon auf einen breit gesetzten Innenraum. Das gilt auch dort, wo Um- und Zubauten des 19. Jahrhunderts den Atem des Alten einschnüren, wie es in Kotzenbüll und Oldenswort der

8. VII. 1947

Alkoven im Haubarg Behr in Katharinenheerd

Haubarg Matthiessen, Wittendün, Eiderstedt

Fall ist. Was ihnen hier und dort an Bedeutsamkeit in den Einzelformen mangelt, können diese Kirchen dann durch ihre Lage wettmachen. Wie Wellenbrecher liegen am Rande ihrer Warft und dem Dorf vorgeschoben die Kirchen von Osterhever und Westerhever, die eine nur mit einem Dachreiter, die andere mit einem gedrungenen Turm, aber bei beiden scheinen die breitmächtigen Strebemauern an der Westseite wie strombrechende Böcke vor Brückenpfeilern und als ob sie sich bereitet hätten, jeder Sturmflut zu widerstehen. Die Mehrzahl der Eiderstedter Kirchen bewahrt noch Zeugnisse ihrer frühen Gründung. Zwar sind die ersten Daten der Kirchenbauten, 1103 für Tating, 1109 für Garding, 1113 gleich für sechs weitere Orte erst in späten Nachrichten genannt und keineswegs zu beschwören. In Tating soll es zuerst eine Holzkirche gewesen sein. Das Material, das man damals in Jütland, Schleswig und Niederdeutschland verwandte, den roh oder gespalten zu verbauenden Feldstein, wollte man wohl nicht in größeren Mengen zu den Marschinseln, die Eiderstedt darstellten, hinüberbringen. Für Fundamentierung und in Kating und Vollerwiek auch für einen Teil des aufgehenden Mauerwerks ist jedoch auch das geschehen. Eher war man bereit, den vom Brohltal über Rhein und Nordsee kommenden Tuffstein, den man zuerst in Ripen in riesigen

28

Mengen einführte, dann auch in Schleswig und sporadisch schließlich in Dithmarschen verbaute, heranzufahren und mit dem Backstein zusammen für Gliederungsformen zu nutzen. Aber der Backstein, der Baustoff der eiderstedtischen Kirchen, ist hier erst seit dem letzten Drittel des 12. Jahrhunderts möglich, und die Formen, die man mit ihm gestaltete, die weiten Fensterleibungen, die Kreuzbogenfriese, die zweigeschossige Wandgliederung in Tönning mit den weitlaufenden Bogenfolgen, sprechen dafür, daß das, was wir heute als Ältestes erkennen können, wohl erst dem Beginn des 13. Jahrhunderts entstammt. Aber es bleibt der ersten Nennung, dem vermutlichen Ursprung nahe, und es raunt davon noch in dem verwitterten Backsteinwerk, dessen Steine im gewichtigen Klosterformat wie Moleküle warmen Lebens sich zu Wänden und zu Körpern fügen und bei dem die Fugen als Narben durchstandenen Alters mehr denn als Liniennetz wirken. Von solch verhaltenem Leben sprechen aber auch dann erfolgte Anbauten wie der gotische Abschluß der Tatinger Kirche, und selbst jüngste Erneuerung hat es nicht ausgelöscht, wenn man nur das alte Material erhielt. Das ist jetzt noch so mit dem Chor von Katharinenheerd, auf den wir das Datum 1511 beziehen dürfen, und mit dem kleinen, noch immer in der Tradition der gotischen Landkirchen stehenden Bau von Ording, 1724 am jetzigen Platz errichtet, nachdem zweimal Vorgängerbauten hatten aufgegeben werden müssen, weil der wehende Dünensand sie unter sich begraben hatte. Solche in der Substanz gewichtigen Bauten bergen unter ausladenden Satteldächern saalförmige Räume von sicherer Gelassenheit, selbst wenn diese so weit und in einstiger Wölbung so selbstherrlich waren wie der zu Kotzenbüll. In Garding konnte der Saalraum in den achtziger Jahren des 15. Jahrhunderts

Stallhaus am Haubarg Matthiessen, Wittendün

29

Kate in Tating

zweischiffig ausgebaut und eigenwillig gewölbt werden. Der Raummantel blieb der bewährte alte.

Zum gelagerten Schiff mit dem meist abgesetzten und etwas eingerückten, oft auch nur durch den polygonen Schluß ausgewiesenen Chor – die Kirchen von Garding, Oldenswort und Kotzenbüll haben sogar echte Querhäuser –, fügt sich der stehende Quader des Turmes. Eiderstedt zeichnet sich also nicht nur durch die Zahl seiner Kirchen, sondern ebenso durch die Zahl der Kirchtürme aus. Die Hälfte der Gotteshäuser besitzt ihn, was keineswegs selbstverständlich ist, denn Dithmarschen – um es wieder zu nennen – verzichtet meist darauf und begnügt sich mit einem Dachreiter, und in anderen Landschaften ist es ähnlich. Besonders in der Marsch weiß man einen Grund anzugeben. Der aufgeschwemmte Boden trägt die Belastung des hohen Turmes nicht, und allzuleicht reißt dieser aus dem Verband mit der Kirche heraus. Die Glocken lassen sich besser in einem hölzernen Stapel unterbringen. Aber Nordfriesen lieben Türme und wagen sie, während die Südfriesen eher darauf verzichten, ihre Kirchen selbst dafür höher bauen. Die Eiderstedter Türme, einfach und kantig, meist mit einem kurzen Pyramidenhelm, sind zwar erst spätmittelalterlich. Der älteste von Westerhever, noch aus dem Ende des 14. Jahrhunderts, galt als Seezeichen. Der Tönninger Kirchturm geht in seinem Unterteil noch auf das 15. Jahrhundert zurück. Das Signal aber schien der von 1483 bis 1488 auf älteren, wohl in das 13. Jahrhundert weisenden Grundlagen errichtete Gardinger Turm, denn nun entstehen hintereinander die Türme von Kating, Kotzenbüll, Oldenswort und Tating. Bedächtig und gemessen grüßen sie über das Land. Als Tönning sich dann unter der Gnadensonne der Gottorfer Herzöge zur Residenz erhoben sah, bekam es besonderen Ehrgeiz. Der Baumeister Bläser hatte der Altonaer Hauptkirche einen Turm aufgesetzt, der von Kennern bewundert wurde. Bläser mußte 1703 das Werk in Tönning wiederholen. So entstand hier der in dreifacher Überhöhung nadelhaft hochstehende Turm, in dem holländische Voraussetzungen eigenwillig abgewandelt wurden. In Tating wiederholte man ihn bald in zaghafterer und eckiger Form. Durch diese Laune der Tönninger hatte Eiderstedt, nicht etwa eine auf ältere Rechte pochende Stadt wie Flensburg oder Tondern, bis 1890 den höchsten Kirchturm des Herzogtums Schleswig, dann wurde es durch die hektische Spitze des Schleswiger Domturmes übertrumpft.

Diese durch ihre Türme zu gewichtigen Malen erhobenen Bauten erfüllen aber doch ihren Sinn erst durch die Innenräume, die ihr Leben nicht nur der architektonischen Gestalt, sondern mehr noch der reichen geschnitzten und gemalten Ausstattung verdanken. In den meist breit gelagerten Räumen, bei denen der Chor oder Altarraum gegenüber dem Gemeinderaum durch eine Bogenstellung als ein

Kate bei Garding

Kate in Wittendün bei St. Peter

Eigenes gesondert ist, wirkt sie auf Dichte. In der Tönninger Kirche laufen heute die beiden Teile, die sich ungewöhnlich tief erstrecken, ineinander über, und der 1495 geweihte Bau zu Kotzenbüll, der schon im 17. Jahrhundert schweren Schaden erlitt und dann durch die Erneuerung von 1857 vollends geschändet wurde, hatte die überkommene Addition von Gemeindehaus und eingezogenem, wie eine besondere Zelle angesetztem Chor von vornherein nicht mehr. Dieser von dem mächtigen Herzog Friedrich geförderte Bau hat in seiner Weite und Höhe nichts von einer Dorfkirche an sich, und er kann nicht nur für eine der kleinsten Gemeinden hochgezogen sein. Denkbar wäre, daß mit ihm ein Konvent gegründet werden sollte, der dann aber nicht entstand. Hier bleiben viele offene Fragen. Aber in der Mehrzahl der Eiderstedter Kirchen scheint das gleiche Leitbild verwirklicht zu sein. Der Chorraum erfüllt sich durch einen ausgreifenden Flügelaltar, den man vom Mittelalter in die lutherische Zeit hinein übernimmt oder in Oldenswort, Garding, Poppenbüll und Welt um 1600 noch mit manieristischem Malwerk des Marten van Achten oder seines Kreises neu aufstellt. Erst der Tönninger Altar von 1634 verläßt das mittelalterliche Leitbild. Im Chor steht ferner das zwar erst in nachreformatorischer Zeit nach dort versetzte Taufbecken. Am Chorbogen hängt zum Gemeindehaus hin die reich geschnitzte Kanzel. Sie nimmt den Platz auf der Südseite ein, weil an dieser die Männer saßen und ihnen seit alters das Evangelium zukam. An den Ecken der sechsseitigen Kanzel stehen jeweils zwei Balustersäulchen, und die Felder sind gern zweigeteilt, unten mit religiösen Dar-

32

Turm der Laurentius-Kirche in Tönning

Die Magnus-Kirche in Tating

Chor der Magnus-Kirche in Tating

stellungen, oben mit den Wappen der Stifter versehen. Diese meist im letzten Drittel des 16. Jahrhunderts entstandenen Kanzeln sind in dieser Form schon lange als Eiderstedter Besonderheit angesprochen, zwar kommt der Typus auch andernorts, aber in keiner Landschaft so durchgängig vor.

Zwischen Gemeinderaum und Chor spannt sich dann noch innerhalb des Chorbogens der Triumphbalken, auf dem der große Kruzifix steht, den die Figuren Maria und Johannes begleiten. Der Triumphbalken bezeichnete in der katholischen Kirche des Mittelalters die Scheide zwischen Gemeinde- und Priesterraum. Die Gemeinde erwartete die Erlösung, der Priester zelebrierte sie in der Verwandlung und Kommunion vor dem Altar. Zwischen beiden steht der gekreuzigte Christus. In Schleswig-Holstein scheint das Symbol der Trimphbalken mehr noch als in anderen protestantischen Landen erhalten geblieben. Man schuf da, wo er durch Bauvorgänge oder sonstige Geschehnisse ausgefallen war, diesen Balken mit seinen Figurenaufsätzen neu, so 1615 in Katharinenheerd und später noch in Welt, wo die Figuren zwar wieder verlorengingen. Zu diesen elementaren Ausstattungen kommt dann die Fülle der Epitaphien, der geschnitzten und gemalten Wandgehänge zum

35

Die Leonhard-Kirche in Koldenbüttel

Andenken an renommierte Persönlichkeiten in der Gemeinde. Dazu tritt vielfältig geschnitztes Gestühl, und besonders wollen die prächtigen Abendmahlsbänke am Altar beachtet werden. Die Bänke zu Tönning und Garding sind Spitzenleistungen der Schnitzkunst. Die Orgelprospekte sind weiter zu nennen, der Gardinger in vielfältig durchstochenem gotischem Rankenwerk stammt schon von 1512. Die von den Balkendecken herabhängenden Messingkronen, das Gerät auf dem Altar, alles das spielt zusammen, um den bemessenen Raum nicht allein durch die Ausstattung bedeutsam zu machen, sondern um ihn mit ihr zu durchleben. Die verschiedensten Zeiten haben dabei ihre Stimme und machen den so erfüllten Kirchenraum überzeitlich gültig. Wie modelliert, bewegt und gebunden zugleich ist da der zweischiffige, hochbusig gewölbte Raum der Kirche zu Garding! Die walzenförmigen Pfeiler, mit den Bildern der Titelheiligen bemalt, stellen sich dabei mitten vor den Chor, und die pralle Form scheint mehr zu gelten als die Weite des Raumes. Wie fest ist die Raumbindung in Kating und andernorts allein durch die Balkendecke und das ebenso eigenwillig wie drollig sich benehmende Mauerwerk, das

36

Inneres der Laurentius-Kirche in Kating

vom Alter verbogen und verbeult seine Aufgabe, den Raum zu halten, desto besser erfüllt. Und wieder hebt sich die hehre Weite der trotz aller Zerstörung noch immer großartigen Kirche zu Kotzenbüll heraus. Schließlich blicken wir nochmals in die Tönninger Kirche hinein: das maßvoll verhaltene Barock der Ausstattung in der im Mauerwerk romanischen Kirche, die durch die Tonnendecke, durch die optische Zonen schaffende Lettnerempore und durch die Fülle der mächtigen Epitaphien in Bewegung gerät. Solch vielfältiges Raumvermögen ist wohl nicht zufällig in der Landschaft, die sich durch die Raummächtigkeit der Haubarge vor anderen auszeichnet.

Bürger in Eiderstedt

Häuser und Kirchen freier Bauern, die ihre eigene Lebensart gefunden haben, prägen das Gesicht der Landschaft, die durch die Ernten, die sie gab, doch erst die Voraussetzung hierzu schuf. Selbst das einzige Herrenhaus Eiderstedts, das Schloß

Inneres der Katharinen-Kirche in Katharinenheerd

Hoyerswort, ist Bauernbesitz. Caspar Hoyer, von 1578 bis 1594 Staller, Statthalter von Eiderstedt, welches Amt vom Herzog an Adelige und Nichtadelige verliehen wurde, ist sein Erbauer auf geschichtlichem Boden, denn 1252 hatten die vereinigten Friesen hier König Abel von Dänemark geschlagen. Caspar Hoyer hatte sich die Förderung Eiderstedts zur rechten Stunde zur Aufgabe gesetzt. Er verschaffte Tönning und Garding das Stadtrecht und verhalf der Landschaft zu einem eigenen Propsten. 1591 begann er auf dem ihm vom Fürsten geschenkten Landstrich, für den er adelige Gerechtsame besorgte, den Bau des Schlosses. 1632 kaufte dieses die Herzogin Auguste, um es dann aber zwölf Jahre später dem Rentmeister Joachim Danckwerth zu schenken. 1771 ging es in den Besitz der Hamkens über, in deren Händen es heute noch liegt. Wenn so schon die Geschichte dieses Herrenhauses ungewöhnlich ist, dann dürfte es seine Gestalt, die keinem Schema eines Schloßtyps zuzuordnen ist, noch mehr sein. Man ist eher geneigt, an einen der kleineren ostfriesischen Häuptlingssitze des 16. Jahrhunderts zu denken. Aber mit rücksichtsloser Einmaligkeit ist 1704 hart an die Nordseite des hakenförmigen Baus ein Haubarg gesetzt und dieses Beisammen von einem doppelten Wassergraben umgeben. Daß Caspar Hoyer, als er das Haus errichtete, an Holländisches dachte, offenbaren die nach außen leibungslosen Sprossenfenster. Er stellt seine Wohnseite als Traufenhaus nach Osten und hat mit launiger Asymmetrie den Treppenturm, mit einem zweigeschossigen Erker verschwistert, an der einen, das

Ein Chorfenster der Magnus-Kirche in Tating

BARTHOLOMÄUS-KIRCHE · GARDING
KREIS EIDERSTEDT · NORDFRIESLAND · BL.44

9.7.1947
Hans Nieimi

Das Schiff der Bartholomäus-Kirche in Garding, in der 1971 reiche Kaltmalereien zutage traten

„Eiderstedter" Kanzel von 1563 in der Kirche zu Garding

Ein Epitaph von 1610 in der Kirche zu Garding

Die Bartholomäus-Kirche in Garding von Südwest

aufgezierte und um 1640 umgestaltete Portal an der anderen Seite. Der Aufriß für das korrekt renaissancehafte, 1594 datierte Portal auf der Südseite des Schlosses dürfte aus einem Vorlagebuch übernommen sein. Dieses Südportal führt in den durch zwei Geschosse greifenden Festsaal, in dessen Hintergrund ein mächtiger achtkantiger Pfeiler steht, an den die Emporen angehängt sind, die einst wohl Musikanten Platz boten. Friedrich Feddersen weiß noch eine schauerliche Geschichte von wilden Tanzorgien zu berichten, die hier im sonst so galant temperierten 18. Jahrhundert begangen sein sollen. Heute ist der nun unwirtlich scheinende hohe Raum ebenso nur zur Verlegenheit genutzt wie die Vierkante der Haubarge.

Als Caspar Hoyer sein privates Schloß bei Oldenswort baute, war in Tönning das herzogliche Schloß schon weit gediehen. „Also ist 1580 der Graben / und ferner das Schloß zu Tönningen verfertiget / wozu die Landleute / damit sie mit keinen Diensten möchten beschweret werden 10000 . Marck L. An. 1581 haben verehret/ wie denn auch endlich diese Länder An. 1585 eine große Schatzung haben müssen abtragen", berichtet Heimreich 1666 in seiner „Nord-Fresischen Chronik". Das feste, mit vier mächtigen Ecktürmen drohend bewehrte Schloß des Herzogs Adolf ist 1735 abgebrochen. Nur ein paar verlorene Ziersteine, von denen lediglich einer aus der Erbauungszeit stammt, sind von der einstigen martialischen Pracht übrig-

12. VII. 1947

Die St.-Annen-Kirche in Tetenbüll

geblieben, und mehr würde sich für Eiderstedt, das offenbar von vornherein über den Ballast nicht glücklich war, auch gar nicht ziemen. Aber diesem fürstlichen Schloßbau, dem 1644 der Ausbau zur Festung folgte, dankt Tönning die Verleihung des Stadtrechtes 1580. Einen Bürgermeister hatte man zwar schon im Mittelalter gekürt. Nun aber wurden die Marktverhältnisse geregelt. 1595 wurde der Markt erstmalig gepflastert, 1613 ein neuer Hafen gegraben, der Markt mit 1200 Fuder Erde erhöht und neuerlich gepflastert. Der heute noch stehende Brunnen ist das Zeugnis dieses Ereignisses. 1648 bekam die Stadt das Recht der Halsgerichtsbarkeit, und im Rathaus wurde die Gerichtsstube hergerichtet. Vom Ruhm dieser Stube ist manches überliefert. 1693 erhielt sie Goldledertapeten und eine vergoldete Justitia, was Magistrat und Deputierte aus eigener Tasche bezahlten. Die beiden großen Gemälde, der Urteilsspruch des Zaleukus und der des weisen Salomo, haben die Ratsverwandten Herr Friedrich Adolph Ovens und Herr Friedrich Jürgens sogar eigenhändig verfertigt. Von diesem Glanz und dem ganzen Rathaus von 1613 ist zwar nichts geblieben. Nicht die Unbilden der Kriege, die Zerstörung von 128 Häusern durch die Kaiserlichen unter Tilly 1627, die Belagerung und der schwere Beschuß durch die Dänen 1700 haben einstige Pracht zerrissen, sondern der höchst eigenbürgerliche Wunsch, dies und jenes abzubrechen, brachten hier wie allenthalben in Deutschland mehr Geschichte unter die Erde als die Kriegsfurien. Daß der Marktplatz dabei besonders geschändet wurde, ist ein Schicksal, das diese Stadt mit vielen anderen teilt. Aber dennoch ist Tönning ein freundlicher und gern besuchter Ort geblieben.

Dabei tut sich Tönning nicht durch einzelne, besonders aufwendige Bauten hervor und weist nichts auf, was den alten Häusern am Markt und in der Großenstraße in Husum entspräche. Auch Friedrichstadt hat in seinen Straßenfluchten und seinen renommierten Bauten einen anderen Zuschnitt. In der Mehrzahl sind es in Tönning eingeschossige Giebelhäuser, die sich wie an einer Schnur aneinanderreihen, einige haben vielstufige Treppengiebel und tragen vielleicht auch eine frühe Jahreszahl. Aber das 16. Jahrhundert, die Zeit des Schloßbaues, bezeugt sich wohl in keinem mehr, denn eine Inschrifttafel an einem Haus in der Neustraße mit der Angabe „Anno Domini 1591" ist in eine spätere Fassade eingelassen. Es springt nicht in die Augen, daß hier einst das so gewichtige Schloß lag und die danach gekommene Festungszeit einen gehobenen Lebensstil gebracht hat.

Man muß schon suchen und die nun in den Parkanlagen aufgestellten Beischlagsteine entdecken, die einst Estraden schirmten und den Häusern Bonhomie und Würde gaben. Man konnte sich im ehemaligen Zeughaus hinter der Kirche die prachtvolle Stuckdecke aus der einstigen Kommandantur mit der Darstellung von Perseus und Andromeda zeigen lassen und erfahren, daß sie – gegen 1640 gefertigt und vor wenigen Jahren dem Landesmuseum in Schleswig übergeben – qualitätsvoller ist als ähnliche Stuckarbeiten in Schloß Hoyerswort. Aus solch gewesener Kultur versteht man es eher, daß der 1623 in Tönning geborene Jürgen Ovens ein großer und kultivierter Maler wurde. Er hatte wahrscheinlich bei Gerard Dou in Amsterdam gelernt, erlebt, daß Rembrandt die „Nachtwache" vollendet und im Zenit seines Ruhmes stand, mehr aber noch studierte Ovens die aristokratischen An-

Schloß Hoyerswort bei Oldenswort, Tür zum ehemaligen Zwinger

Schloß Hoyerswort, Ostseite

Ehemaliger Festsaal in Hoyerswort

47

Der Hafen in Tönning

sprüchen gefälligere Kunst des kurz vorher verstorbenen Anton van Dyck. Ovens, in Amsterdam schon erfolgreich, wurde an den Höfen zu Gottorf und Stockholm geschätzt. Sein Bildnis kann man in der Tönninger Kirche in dem seinen Eltern gewidmeten Epitaph betrachten, ein Hofmann, aber zugleich ein Charakter tritt in ihm uns gegenüber. Daß man auch sonst in Eiderstedt um niederländische Bildschöpfungen wußte, zeigt übrigens das Gemälde der Auferweckung des Lazarus im Epitaph Meyer von 1642 in der Gardinger Kirche, das die mehrfachen Rembrandtkompositionen des gleichen Themas voraussetzt. Und daß man in Tönning auch über Ovens hinaus hohe Ansprüche an die Malkunst stellte, bekundet das prächtige Gemälde, das in barockem Aufwand den Zug der Kinder zu Christus darstellt und der 1708 gestorbenen Gattin des Tönninger Festungskommandanten Zacharias de Wulff gewidmet ist. Das Epitaphbild befindet sich zwar nicht mehr am Ort – es hing in der 1694 erbauten und 1784 wieder niedergerissenen Garnisonskirche –, sondern schmückt heute in Dithmarschen die Tellingstedter Kirche, die der Nutznießer des Ausverkaufs in Tönning geworden ist. Man muß sich also das Tönning des 17. Jahrhunderts farbig und wohlhabend vorstellen, nicht nur die Innenräume, von denen wir fragmentarische Mitteilungen haben und wovon einen noch das Landesmuseum in Schleswig bewahrt, sondern auch das Bild der Straßen und Häuser. Da durchzog man das rote Backsteinwerk mit gelben Ziersteinen, die ein froh belebendes

Häuser am Hochsteg in Tönning

Muster ergaben, wie es an der Rückfront des schon genannten Zeughauses noch gesehen werden kann. Der Kalk überschlemmte damals noch nicht alles und jedes. Da vermochten wohl auch die Giebelkonturen lustvoll auszuschwingen, und der bis zum Burlesken sich tummelnde Knorpelstil wird den Schmuck bestimmt haben.

Aber nur weniges davon verblieb, und auch das meist nur im Reflex. Was das heutige Bild bestimmt, ist nach dieser Schloß- und Festungszeit entstanden und durchgängig kleinbürgerlich geprägt. Diese neue Blüte entfaltete sich nicht im Nießbrauch fürstlichen oder militärischen Geltungswillens, sondern kam von einem Nutzen durch die Hintertür. Napoleon hatte sich mit seinen Truppen am Elbufer festgesetzt und gedachte, von hier aus England durch die Elbblockade zu treffen. Diese Jahre von 1803 bis 1805 und dann wieder das Jahr 1806 brachten für Tönning den großen Gewinn. Über den Tönninger Hafen wurden englische Waren in das Land geschleust und dann über die Eider nach Süden geschmuggelt. Das ergab schnelle Gewinne, Überfluß und Luxus. Die Chronisten wissen zwar zu berichten, daß nur wenige einen dauernden Nutzen davon hatten. „Die Mehrsten kamen tiefer in die Schulden ... So knüpfte sich Flor und Verfall aneinander." Wenn wir aber am Hafen von Tönning uns dieser Turbulenz erinnern, für die es noch so viel Zeugnisse, darunter die Wedgwood-Keramik, die als Teebehälter diente, in den Häusern gibt, dann sehen wir das lange dreigeschossige

Haus mit Tönninger Wappen am Tönninger Hafen

Einstiges Wohnhaus in der Neustraße in Tönning

Tönning, Häuser in der „Neustadt"

Packhaus 1783 datiert und wissen, daß sehr ähnliche Häuser in Rendsburg und Holtenau stehen. Gegenüber treffen wir stattliche zweigeschossige Häuser mit „Fronspieß"-Giebel von 1794. Somit muß schon vor der Kontinentalsperre Tönnings Hafen plötzliche Bedeutung gewonnen haben. Der von 1777 bis 1784 erbaute Eiderkanal als Vorläufer des Nord-Ostsee-Kanals, als „Wunderwerk der Technik" bestaunt, hatte die Eider bei Rendsburg mit der Kieler Förde verbunden und eine Schiffsverbindung von der Ostsee zur Nordsee geschaffen. Der Wohlstand Tönnings schien dadurch wieder garantiert.

Die vielen um 1800 errichteten Häuser, sauber geweißt mit schwarz geteertem Sockel, die die Straßenbilder bestimmen, bekunden zwar den Wohlstand offenbar nicht besonders hervorstechend. Doch die Bürger um 1800 wollten sich nicht schreierisch der eine vor dem anderen hervortun. Schlichtheit war ihnen so-

52

HÄUSTÜR EINES HAUSES AM HAFEN, TÖNNING · BL.32
KREIS EIDERSTADT , NORDFRIESLAND

2.11.47

Tür eines Hauses am Hafen in Tönning

wohl Ethos als auch Mode. Aber die großen Fenster dieser Häuser sind wie helle Augen, in die man mit Vertrauen hineinsehen kann, und die gradlinigen, aber mit Feingefühl proportionierten klassizistischen Türen, die man allenthalben trifft, sind das verhaltene, aber doch erkennbare Zeichen von Wohlstand und gutem Geschmack. So sind es die kleinen Freuden am Wege, auf die der Wanderer stößt. Wenn er dabei noch von der Geschichte weiß, wird ihm vielleicht die Ironie bewußt, mit der diese mit Hoffnungen umspringt. Aber es dürfte ihn nicht elegisch stimmen, denn in dem Wandel und dem Sich-damit-Abfinden liegt auch Heiterkeit. Die Menschen vor 120 Jahren, die die Welt nach dem Prinzip des Fortschritts prüfen wollten, fanden Tönning, das eben noch geblüht hatte, nun eine heruntergekommene Stadt und Garding von allen Seiten netter anzusehen und auch nahrhafter. Auch dieses Urteil würde heute Friedrich Feddersen, der es fällte, nicht mehr abgenommen werden. Es ist sogar schon in dem Eiderstedter Volksreim bezweifelt: „In Welt, da hebbt de Lüde Geld. / In Vollerwiek, da sünd de Lüde riek, / In Garrn (Garding), da sünd de Lüde arm." Aber auch Tönnings Hafenruhm ist verblaßt. In den Spottversen des „Liedes des wandernden Schustergesellen" kann es deshalb heißen:

> *Un in Tönning, seggt he, is'n Hawen,*
> *Vun de Landlüt hört man em woll lawen;*
> *Doch de Dampers kaamt dor op den Strand,*
> *Un de Ossen driefl dor wedder an't Land.*

Was aber nachhaltiger zur Elegie stimmt, ist das, was sich außerhalb der Städte, inmitten der wogenden Fruchtbarkeit vollzieht, ist ein Sterben, das nicht durch neu Aufblühendes als Notwendigkeit des Lebens ausgewiesen wird. Mit resignierender Wehmut sehen wir Eiderstedts Haubarge in sich zusammensinken. Wir nannten Zahlen, die den Rückgang belegen, wir sahen, daß die prächtigsten Häuser, die es noch gibt, Pflege erfahren. Aber dann wird doch wieder eines aus der Reihe herausgebrochen, sei es durch eine Feuersbrunst, sei es, daß die Treue zum Ererbten ermüdet. Der Wanderer wird Eiderstedt deshalb immer nur mit dem Wunsch verlassen, daß das ihm vertraute Bild möglichst erhalten bleibe. Wenn weiterhin die Haubarge als Zeugnisse der Landschaft in Geschichte und Sein mitleidlos fallen, werden die Baumgruppen, die sie einschlossen, ohne Kern sein, und auch ihre Tage sind dann gezählt. Am Ende wäre es eine weite, verlaufende Fläche ohne die Impulse, die die Landschaft als Gestalt garantierten. Wenn dann auch in den kleinen Städten die Zeugen des Gewesenen verkämen und nur noch die Nützlichkeit entscheidet, überall die gleichen Straßenführungen, die gleichen phantasiearmen Fassaden öden würden, dann sähen wir schließlich auch hier Orte, die ihre Seele verloren hätten, die man statt mit einem Namen mit einer Nummer bezeichnen könnte. Wir meinen, solange die Individualität einer Landschaft Wirklichkeit ist, wird freudig auch die Leistung aus solcher Landschaft kommen. Das andere wäre dann statt fortwirkender Leistung auferlegter Plan. Die dem begegnende Heimatpflege ist deshalb nicht zeitvergessene Romantik, sondern besserer und

54

Tönning, Blick in die Neustadt mit Kirche

Haus Jensen (heute Museum) in St. Peter-Dorf

wesentlicherer Dienst an unserem Eigensein, als ihn die zu tun vorgeben, die in bezeugter Heimattreue Vergehen an der Zukunft sehen möchten. Unsere Wanderung durch Eiderstedt will deshalb trotz allem kein Abschied sein.

Nördlich des Heverstroms

In Eiderstedt sieht man sich immer mitten im Lande, und allenthalben scheint es das gleiche Bild, fette, hochwachsende Weiden, eingestreut in diese bewegte Fülle die baumbestandenen Warften, das Ganze umfaßt von den Deichen, die den abschließenden Rahmen bilden. Anders ist es, wenn man über Husum hinaus in die Landschaft kommt, die sich im besonderen Nordfriesland nennt, obwohl zu Nordfriesland auch Eiderstedt gehört, wenn man die Stammesgegebenheiten als Namensbegründung anerkennt. Aber Eiderstedt wird durch sein glückhafteres Werden und Sein als ein Eigenes gesehen. Die friesische Sprache wurde da schon im Mittelalter aufgegeben, während das Land von Husum bis Niebüll sie in der Vielzahl

56

ihrer Sprecharten, zwar mühsam, behauptete. Aber auch der Unterschied im Landschaftscharakter könnte, ohne daß man von solchen Geschehnissen weiß, die anderen menschlichen Eigenheiten hier und dort verstehen lehren. Die Nähe der Geest oder höhere Sande erlauben von Husum ab weitere und vielfältigere Schau. Friedrich Paulsen schildert in seiner Lebensbeschreibung den nahe seines Heimatortes Langenhorn gelegenen Stollberg: „Von hier aus hat man einen weiten Ausblick auf das nahe schimmernde Wattenmeer mit seinen Inseln, den Halligen. Oft, wenn wir über Stolberg nach Bredstedt fuhren, hielt hier der Vater und zeigte, mit der Peitsche weisend, die Stätten, die ihm von seiner Jugend her so vertraut waren: das nahe Oland, dahinter Föhr mit Wyk, südlich Langeneß, weiter links das reiche Nordstrand und endlich, am Horizont schimmernd, Eiderstedt, das Paradies eines Bauernherzens. Wendete man sich nach Norden, dann breitete sich die weite Ebene vor dem Blick aus, zuerst Heide und Geest, am Rand die lange Dorflinie, dahinter die grünen Marschen, bis im Nordosten der Langenberg, ein ähnlicher breiter Hügelrücken wie der Stolberg, von Osten her sich vorschiebend, den Horizont begrenzte ... Steht man an einem Sommerabend bei Sonnenuntergang hier oben, ist Himmel und Erde und Meer in die Glut farbiger Wolken getaucht, dann wird auch der verwöhnte Blick gestehen: Fürwahr, das ist schön und einzig." Weiter ist der Blick, und er gewahrt mehr Farben, als sie in Eiderstedt erkannt werden, elementare in der Nähe, wundersam lockende in der Ferne. Die weite weisende Linie, der Zug in die Ferne ist allenthalben, die langen Häuser säumen die Straße am Geest-

Königsteinischer Haubarg, Neugalmsbüll

rand, reihen sich zur Kette, die nicht enden will. Es gibt wenig Festpunkte, die sich in den Blick stellen, das schweifende Sehen wird hier zum Recht. Auch scheint es uns mit dem Deich eine andere Bewandtnis zu haben als in Eiderstedt. Dort birgt man sich noch in seinem Schutz, in Nordfriesland schaut man über ihn hinweg. Den Mann, der ihn übersteigt, um als Seemann aufs Meer hinauszufahren, treffen wir hier neben dem Bauern, der an der Scholle festhält. Hier hatte aber auch das Land keinen Bestand. Es bewahrte nur wenig vom einstigen Anwachs, erlitt mehr Verlust, und was heute Nordfriesland darstellt, ist nur ein Rest, aus einer nie abgerissenen Folge von Katastrophen übriggeblieben. Aber was der Friese sich wahrt, weil materieller Besitz in seiner Geschichte so wenig Bestand hatte, ist die persönliche Freiheit; die Dinge und die Überkommenheiten zwingen ihn nicht, er stellt sich dem Fatum.

Wer so um Schicksal weiß, es in dem Wissen um verlorenes Land, in den Sagen von untergegangenen Städten, in dem Leben auf den Halligen vor Augen hat, redet nicht, und auch wer viel sieht und weiß, daß hinter dem Horizont die Weite weitergeht, wird schweigen. Wieder zitieren wir Friedrich Paulsen. Er spricht über diese Neigung zum Schweigen: „Allerdings ist sie im Wesen des Friesen überhaupt angelegt. Im ganzen liebt er nicht viele Worte, wem die Zunge lose sitzt, der wird leicht für einen Spaßmacher angesehen und nicht ernst genommen. Scherz und Aus-

Hof in Deezbüll

Häuser in Humptrup bei Niebüll

gelassenheit, die kommen natürlich auch vor, aber wer etwas auf sich hält, nimmt sich in acht, sich darin gehenzulassen . . . Das frohe Spiel ist dem Stammescharakter fremd. Dagegen ist Neigung zum Grübeln ihm nicht fremd; sie wirft sich leicht auf religiöse Dinge und führt dann wohl zu tiefsinnig-melancholischem Wesen." Und im gleichen Sinne klingt es bei Otto Ernst auf:

Aus meiner Kindheit Tagen strahlt ein Land
Der ernsten Männer hinter Pflug und Amboß.
Sie reden wenig und lachen selten
Und singen kaum, allein sie träumen viel.

Aber dieses Träumen ist kein Sich-Verlieren, dem das Bewußtsein des Oben oder Unten schwindet, und auch kein dem subjektiven Empfinden Nachgeben, sondern spekulatives Denken, das nicht voreilig an die Oberfläche und zur Aussage kommt. Es kreist um religiöse Fragen, um die sittliche Verpflichtung aus dem Bekenntnis, denn oft genug mußten Nordfriesen auf wütender See oder inmitten hineinbrechender Fluten dem Letzten ins Auge sehen. Es beschäftigt sich mit den Fragen, wie der Mann Geschicke, die die Geschichte wie ein unabwendbares Fatum zeichnet, doch wenden könnte. Es gibt Anlässe genug, sich zu besinnen.

Schon in dieser Geschichte ist ein wesentlicher Unterschied zu Eiderstedt offenbar. Es ist das andere Schicksal, das die nordfriesischen Uthlande traf. Es dürfte auch den Charakter ihrer Menschen mitgeprägt haben. Während Eiderstedts einstige Inseln zusammenwuchsen und schließlich dem Festland verbunden wurden, abbröckelnde Küsten kaum Verlust angesichts des Anwachsens zwischen den Teilen

Häuser in Krakebüll

bedeuteten, ist nördlich der Süderhever weites und einst reiches Land weggerissen. Geblieben sind kleine Reste, Fetzen dessen, was war. Wo einst fünf blühende Harden waren, sind es heute Nordstrand, Pellworm und die Halligen. Die Inseln Sylt, Föhr und Amrum sind gleichfalls nur Überbleibsel größerer Gebiete. Wieviel Not und Todeskampf verbirgt sich hinter solchen statistischen Angaben! Von Sturmfluten an der Nordseeküste hören wir schon bei dem Römer Plinius und dann bei dem Bischof Prudentius von Troyes, der für das Jahr 838 von einer Sturmflut an den friesischen Küsten berichtet, die 2437 Menschen das Leben gekostet haben soll. Mit dem 14. Jahrhundert aber erst beginnt die ununterbrochene Reihe der schweren Flutkatastrophen, die fruchtbaren Marschboden abriß und Menschenopfer über Menschenopfer forderte. Den Überlebenden aber blieben die Nottage im Gedächtnis. Als Allerheiligen-, Marcellus-, Gallusfluten oder wie sie heißen, sind sie nach dem Tag, an dem sie sich ereigneten, benannt, und manches Stoßgebet mag die Heiligen dieser Tage vergeblich um Hilfe angerufen haben. Für das Jahr 1338 berichtet das „Chronicon Eiderstadense": „Do begunden de Uthlande ersten entwey to brekende." Dann folgt die große „Manndränke" der Marcellusflut von 1362. „Do vordrenckede dat meiste volck uth den Uthlanden." Der bedeutsame Hafenort Rungholt ging unter, und die Sagen, die sich mit dem Schicksal Rungholts beschäftigten, deuten darauf, daß ein blühender Ort mitsamt seinen Einwohnern im Wasser verkam. Erst in unserem Jahrhundert werden einige Spuren wieder sichtbar, und Andreas Busch ist ihr Entdecker gewesen. Außer Rungholt hat die Edomharde damals sieben weitere Kirchspiele verloren. 1380, 1412, 1426, 1436, 1471,

Hallig Oland, Kirchenwarf

Häuser in Aventoft

Hof „Gottesberg" im Kleiseerkoog

1476, 1479, 1483 sind weitere Daten todbringender Fluten. Im 16. Jahrhundert
wiederholen sie sich in nicht so kurzen Abständen, aber gegen Ende folgt neuerlich
ein Unglück dem anderen, und die Allerheiligenflut von 1570 ist eine der schwer-
sten gewesen, die Nordfriesland betroffen hat; „und besonders in Freßland solcher
Schade geschehen, daß der Todten bey 20 000 Jung und Alt sein gerechnet", berichtet Heimreich ein Jahrhundert danach in seiner „Nord-Fresischen Chronik".
Besonders häufig sind die Überflutungen im 17. Jahrhundert, darunter die zweite
große „Manndränke" von 1634, bei der von 9041 Einwohnern Nordstrands und
der kleineren Inseln nur 2633 am Leben blieben. In ganz Nordfriesland soll diese
Flut 9000 Menschenopfer gefordert haben. Weiter geht die Folge der Hiobsbot-
schaften, aber von der Sturmflut von 1717 wird schon festgestellt, daß sie zwar
noch höher als die von 1634 gestiegen wäre, der Verlust an Menschenleben aber
nicht mehr groß gewesen sei. Die Deiche sind nun offenbar verstärkt worden. Die
letzte wirkliche Katastrophe, die vom 3./4. Februar 1825, die die höchste aller ge-
messenen Sturmfluten gewesen sein soll, hat dem Festland keinen nennenswerten
Schaden mehr getan, während die Halligen 74 Todesopfer zählen mußten und an-
nähernd die Hälfte ihrer Bewohner wegzog, weil ihre Existenzgrundlage zerstört

Südgiebel des „Gottesberges" im Kleiseerkoog

Hof Hockerup Lorenzen bei Krakebüll

war. Die Sturmflut vom Februar 1962 forderte in Nordfriesland kein Menschenleben mehr, aber viele zerbrochene Häuser.

Solche ständigen Bedrohungen, die Leib und Gut in Frage stellten, ließen die Friesen himmelwärts schauen, die Gestirne befragen, ob sie in ihrer jeweiligen Konstellation Vorzeichen kommender Sturmfluten geben würden. Astronomische und physikalische Probleme haben manchen von ihnen beschäftigt, und Storms Hauke Haien steht für viele. Dieser Sinn für die auf mathematisch faßbare Funktionen zurückzuführenden Naturgegebenheiten hat den Friesen zur Seefahrt wie zur Landmessung prädestiniert, und die Fähigkeit zum Rechnen nützt ihm letztlich zum verschmitzten Handeln. Wo andernorts wie in Friesland kann man sich an Sagen erfreuen, in denen behauptet wird, die Kirchen Keitum, Nieblum und Pellworm wären nach einem einzigen Plan gebaut, weil sie in die gleiche Richtung wiesen?

Vom Hausbau und Wohnen zwischen Husum und Tondern

Das genau Berechnende scheint sich selbst im Hausbau zu beweisen, in dem die Funktionen so ausgetüftelt ineinander verzahnt sind, wie es sonst Schiffsbauern Ehre macht. Der Zuschnitt der nordfriesischen Häuser ist durchgängig schmaler als der der Fachhallenhäuser südlich der Eider oder auf der schleswigschen Geest,

64

Hof Hockerup Lorenzen, Krakebüll. Blick in den Innenhof

Hof Hockerup Lorenzen, Krakebüll. Blick aus dem Innenhof auf die Türme von Tondern

Hof L. Lorenzen, Krakebüll/Nordfriesland

schmaler vornehmlich als der der Eiderstedter Haubarge. Die Häuser sind gemäß
ihrer geringeren Tiefe auch niedriger im First, haben aber oft eine eindrucksvolle
Länge oder sind im Winkel erweitert. Das gibt ihnen immer wieder eine Eleganz,
die im Ganzen und im Einzelnen, in den Spitzgiebeln über der Haustür und in der
Flucht der Stuben liegen kann. Diese Stuben haben im nordfriesischen Haus einen
wesentlich größeren Raumanteil als im Fachhallenhaus, und deshalb wurde vermutet, daß das nordfriesische Fachhaus ein ursprüngliches Wohnhaus sei und die
Wirtschaftsteile Anhängsel darstellten. Es ist beim Haus der nordfriesischen Geest
eine aneinandergereihte Folge von Raumabschnitten, die jeweils ihren eigenen Eingang besitzen, sich also quer zur Längsachse öffnen. Nur der Wohnteil hat statt

67

der nacheinander folgenden Teile ineinandergefügte Räume. Bei dem Haus der Uthlande schließt sich dem Wohnteil jenseits einer schmalen Querdiele der Stall an, der von der Schmalseite noch zugänglich ist und einen beengten Mittelgang besitzt. Schon aus der Bemessenheit der Räume, dem Fehlen einer großen Dreschdiele in der Längsachse des Hause, der die Stallungen zu- und untergeordnet werden, ergibt sich, daß sowohl beim Geesthardenhaus als auch beim uthländischen Haus eine andere Ständerstellung angewandt wurde, als sie im Fachhallenhaus gegeben ist. Die Querbalken ragen nicht über die sie tragenden Stiele hinaus, um in Gemeinschaft mit den von den Sparren abzweigenden Auflagern die Stalltiefen zu ermöglichen. Eher hängen die Sparren mit einem Abschnitt herab, der auf den Außenmauern endet. Das zwischen Ständerreihe und Mauer verbleibende Raumstück hat demgemäß unter den Sparrenenden eine verbretterte Schrägung, die Katschur oder wie es in der Bökingharde heißt – die Wanningschurw. Aber wie das Fachhallenhaus ist das nordfriesische Haus doch von den Ständern getragen, von denen der eine oder andere unter dem durchlaufenden Rehm ausfallen kann. Wenn in den der Geest vorgelagerten Uthlanden die Sturmfluten die Deiche durchbrachen und gegen das Mauerwerk anliefen, konnte dieses zerbrechen, das Fachgerüst aber

Hof Carsten Olaf Christiansen in Lindholm

Gasthof Tetens, Süderlügum/Nordfriesland

blieb stehen, falls es nicht übermächtige Wassermassen waren, die gegen das Haus brandeten, und die Ernte auf dem Hausboden unter dem Dach blieb gesichert. Als die Wände noch aus Torfsoden, Lehm oder Fachwerk bestanden, war die Gefährdung besonders groß. Gegen 1700 trat die Backsteinmauer an die Stelle der leichteren Wände, und als diese Mauern stärker und höher wurden, konnte man schließlich auf die Innenständer verzichten und den Mauern die Aufgabe überlassen, das Dach zu tragen. Die Katschur fällt dann aus. Wir sahen aber, daß das Festland nicht mehr ernstlich von Wasserfluten gefährdet war, als sich diese Wandlung vollzog.

Aber weiterhin schmiegen sich die Häuser der Landschaft ein, folgen in langer Reihe dem Geestrand oder auch dem Deich und scheinen sich einzuducken. Dabei stehen sie mit der Firstlinie von Westen nach Osten, damit der Wind nur den schmalen Westgiebel trifft und über den tiefgezogenen Walm und First hinwegläuft, nicht in der Breite anfaßt. Die Wohnräume nehmen die lange Südseite ein. Die Nordseite erhält möglichst kleine Öffnungen. Antonius Heimreich weiß hierzu zu erzählen, daß, als der Dänenkönig Göttrik die Friesen unterworfen, er ihnen auferlegt habe, die Nordtür deshalb niedrig zu bauen, damit sie beim Heraustreten gezwungenermaßen den Rücken vor dem König im fernen Norden beugten, weshalb die Friesen fortan rückwärts aus dem Haus gegangen sein sollen. Solche Geschichten gehören in die Reihe der Erzählungen vom Stolz der Friesen und

Hof auf Dyenswarf, Dagebüll

ihrem Widerstand gegen jede persönliche Entwürdigung, aber hier sind sie zugleich ein Hinweis auf das Alter der Bausitten, auf das man sich beruft, wenn es die überlieferte Art zu wahren gilt. Seinen Grund hatte der Brauch der niedrigen Wände in der Absicht, sich vor den Unbilden der herbstlichen und winterlichen Stürme zu schützen. Deshalb reicht das schwere Reetdach auch so tief hinab, daß die Fenster tief unter den Zimmerdecken bleiben, die Katschur liegt noch dazwischen. Wie ein dichter Pelz bezeugt das Reetdach Behagen im Innern. Dadurch, daß bei geweißten Häusern die Fensterrahmen grün, bei ziegelroten aber weiß gestrichen sind, gewinnt das Außenbild des Hauses trotz des niedrigen, somit gedrückten Mauerwerks eine feine Zierlichkeit, die gut zu dem schmalen Giebelüberbau über der Südertür des Hauses steht. Hinzu kommt das Grün der Bäume, die die Westseite des Hauses noch besonders schützen, und vornehmlich in der Marsch mag man auf die umgebenden, stämmigen Bäume nicht verzichten. Mögen Fleetrand oder Wege auch kahl stehen, dem Haus gehören die Bäume zu. Obwohl von dem ewig wehenden Westwind geschoren, bieten sie doch Schutz vor zu heftigem Regenschlag, Sturm und Schneeverwehungen. Das Niedrige der Anlage, das dem Boden nah Bleibende änderte sich auch dann nicht, als die Höfe wuchsen und das Haus der nordfriesischen Uthlande um eine Loodiele erweitert werden mußte. Als man größeren Stapelraum benötigte, weil man zu intensiverem Ackerbau überging, wurde die Erweiterung im Winkel angefügt. Es konnte ein solcher Winkelanbau mit einem Vierkant, einem Barggerüst versehen werden, doch solch ein Barg wuchs nie zu den in Eiderstedt gewohnten Höhen. Es konnten größere Anforderungen an die Stallungen gestellt werden, und statt der einfachen Winkel- oder Hakenformen entstanden in allmählicher Erweiterung dreiseitige Hofanlagen oder gar vierseitig geschlossene in den nördlichen Kögen, wie etwa im Kleiseerkoog oder im Alten und Neuen Christian-Albrechts-Koog. Dann sind es herrlich weit gelagerte Bautrakte, und die Seitenflügel durchdringen den Verbindungstrakt und zeigen jeweils einen Krüppelwalm, der noch eine obere Fenster- oder Luckenreihe gestattet. Aber zu der Gehobenheit, die einem Eiderstedter Haubarg möglich ist, zu solcher Mächtigkeit kommt es im nördlichen Teile Nordfrieslands nicht. Der einzige Haubarg hart an der dänischen Grenze, der 1708 datierte Königsteinsche, entstand aus der Laune des Amtmanns von Tondern, Johann Ludwig von Pincier, und ist in jeder Weise eiderstedtisch, während die von R. Meiborg 1892 in der Umgebung von Tondern aufgenommenen Häuser mit Haubarggrundriß Ost-West-Richtung, Querdiele und Südeingang haben, also den anderen nordfriesischen Häusern angenähert sind.

Die Zeit, die den Häusern die liebevollste Ausbildung zukommen ließ, lag nicht im 18. oder 19. Jahrhundert. Da wurden die Anlagen wohl vergrößert und bekamen gar Weitläufigkeiten, von denen die älteren nichts wußten. Mit größerer Befriedigung aber sieht der Wanderer Häuser, die noch aus dem 17. Jahrhundert überkommen sind. Wir nennen das Haus Hansen in Klockries und das Haus Axen in Lindholm, beides Uthländer Häuser mit dem Wohnteil im Westen und dem

Der Nahnshof im Christian-Albrechts-Koog von Südwest

Eingang in den Nahnshof, Christian-Albrechts-Koog

Blick in den Scheunenflügel des Nahnshofes, Christian-Albrechts-Koog

Innenhof des Vierseithofes Nahnshof im Christian-Albrechts-Koog

nach Osten liegenden, von der Wohnung durch einen schmalen Gang getrennten Stallteil mit Mittelstiege. Das Klockrieser Haus wird nach der Inschrift eines Balkens im Innern 1634 datiert, für das Haus Axen in Lindholm gilt das Jahr 1667 als das der Erbauung. Die Ostwand des Klockrieser Hauses zeigt eine korbbogig geschlossene Stalltür, die mit mehrfachem Rücksprung wie im Mauerwerk modelliert scheint, darüber zieht sich ein durch versetzte Steine gebildetes „deutsches Band" wie eine schmückende Bordüre, und darauf steht eine Reihe zierender Blenden, die jeweils mit einem Doppelbogen schließen. In Lindholm finden wir eine ähnliche Art bei dem Eingang und dem darüberstehenden Zwerggiebel der Südseite, dabei ist die Abstufung des Türgewändes noch reicher und die Blendzier durch einen Dreierbogen geschlossen. Diese die Mauer modellierende Bauart, bei der die Dichte der Formen die Lebendigkeit ausmacht, treffen wir im endenden 16. und beginnenden 17. Jahrhundert an den reichen Bürgerhäusern der schleswig-holsteinischen Westküste. Sie zeugen in Dithmarschen, besonders in Meldorf 1592 und 1601, in Husum schon 1570 und am Diakonat in Koldenbüttel 1614 nicht nur von dem erreichten wirtschaftlichen Wohlstand, sondern auch von den kulturellen Bezie-

74

Hans Hansen, Klockries, von 1634 am alten Platz, heute im
Schleswig-Holsteinischen Freilichtmuseum

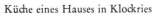

Küche eines Hauses in Klockries

Eingang zur „Vortelle" (Querdiele) eines Hauses in Lindholm

Hof Christian Mayland in Aventoft

hungen zu den Niederlanden, wo man die Bauart pflegte, die an unserer Westküste zwar abgewandelt wurde, aber doch noch deutlich erinnert ist. Wenn solche
Spätrenaissanceart aus der Sphäre des bürgerlichen Bauens in die des bäuerlichen
übergeht, ist es ein Beweis für Aufgeschlossenheit. Es geschah in Klockries unmittelbar nach der Not der Sturmflut.

Der Anspruch auf Wohnkultur auch im Bauernhaus, eher sichtbar als im Sächsischen und das Haus bestimmender als dort, bezeugt sich im Inneren des genannten Hauses Hansen in Klockries. Man vernimmt ihn aus der Schilderung, die Friedrich Paulsen von seinem Elternhaus in Langenhorn für die 50er Jahre des vorigen
Jahrhunderts gibt: „Durch die Haustür unter dem Giebel tritt man in die mit
Fliesen belegte Vordiele; die Tür zur Rechten führt in die Wohn- oder Süderstube,
eine Tür geradeaus in die Norderstube; jene ist im Winter, diese im Sommer der
gewöhnliche Aufenthaltsort, wo die Mahlzeiten und auch die häuslichen Arbeiten,
Spinnen und Nähen, stattfinden. Durch die Wohnstube geht's in den mit weißen
Fliesen ausgelegten Pesel, der in der Regel nicht gebraucht wird: hier stehen die
Koffer und Schränke. Durch die Norderstube geht man in die Küche, an die sich
der tiefe Keller und darüber die Vorratskammern anschließen. Die glänzend hell-
blau gestrichene Wohnstube ist zugleich die Schlafstube der Eltern, das Bett, ein
eingemauertes Wandbett, wie es damals noch überall Sitte war, abschließbar durch
Vorhänge oder Holztüren. Hier steht der eiserne Ofen, anfänglich ein sogenannter
Beileger, der von der dahinter liegenden Küche aus geheizt wird, die Wände mit

Haus Bahnsen in Deezbüll

biblischen Darstellungen geziert, später ein moderner Aufsatzofen, in dem im Winter der Teekessel beständig brodelt. Am Winterabend sammelt sich die ganze Familie um den großen Klapptisch am Fenster, auf dem eine Talgkerze brennt, welche die Mutter selbst gegossen hat. Der Vater liest die Zeitung, die Mutter näht oder spinnt, die Magd kardet Wolle, der Knecht liest oder raucht im Hintergrund seine Pfeife, dreht auch wohl einmal auf eigene Rechnung Strohseile, wie sie beim Dachdecken Verwendung finden, und ich mache Schularbeiten oder lese in einem Geschichtenbuch. Den Schluß macht um 9 Uhr ein Abschnitt aus Großners *Schatzkästlein* oder einem anderen Erbauungsbuch, den der Vater vorliest." Das ist die gleiche klar geordnete und geborgene Welt, die kurz danach Carl-Ludwig Jessen nicht müde wird zu malen. Besondere Farbe und warmen Atem gewinnt die Erinnerung, wenn die Patina des Alters alles überwebt. So schildert Paulsen die Wohnstube seiner Onkel und Tanten in Langenhorn: „Die geräumige Wohnstube zeigte eine reiche Holztäfelung im Stil des 18. Jahrhunderts, Türen und Bettläden waren mit Malereien versehen, Städte mit Türmen, Dörfer mit Mühlen usw. darstellend. Mit den alten Sesseln und Stühlen ausgestattet, die mit ihren gewundenen Säulenbeinen und ihrer bemalten Lederpolsterung auf das 17. Jahrhundert

78

zurückweisen, machte das Ganze einen altmodisch-vornehmen Eindruck. Der große Pesel enthielt manches alte Stück, das die Aufmerksamkeit der Knaben auf sich zog: einen großen Sekretär, auf dem eine gewappnete weibliche Figur aus Gips, eine Minerva, wie ich später lernte, stand, ein paar alte blauweiße Bettvorhänge, auf denen eine Menge Figuren und Geschichten biblischer Herkunft gestickt waren. Auch die Schränke gaben Altertümliches und Fremdartiges her, das wohl einmal auf Wunsch gezeigt wurde: bunte Seidenkleider und Silberschmuck von Filigran, Bernsteingeräte und Schmucksachen und Ähnliches. Einiges davon ist noch im Familienbesitz, das meiste an Händler verschleudert worden, die seit den 60er Jahren die Gegend absuchten und mit schrecklicher Beharrlichkeit den Willen auch des Widerstandsfähigsten brachen."

Von diesen mit alten geschnitzten Möbeln, starkfarbigen Stickereien und in Beiderwand gewebten Behängen ausgestatteten getäfelten und gefliesten Räumen, in denen aus jedem einzelnen Geschichte raunt und das Leben im Fluß der Generationen empfunden wird, ist tatsächlich heute nicht mehr viel anzutreffen. Auf den Inseln sehen wir es eher noch erhalten und genutzt. Sonst müssen wir die

Dorfstraße in Stedesand

Geburtshaus des Malers Carl Ludwig Jessen in Deezbüll

Häusergruppe in Deezbüll

Museen aufsuchen, falls wir nicht die dokumentarisch zuverlässigen Bilder Carl Ludwig Jessens deshalb vorziehen, weil sie den Raum mit den zu ihm gehörenden Menschen zeigen, weil sie die Würde spüren lassen, die in überlieferten Formen gefordert ist. In dem Museum in Niebüll-Deezbüll blieb noch von dem Atem, den Friedrich Paulsen im Wohnzimmer seiner Langenhorner Verwandten einsog. Das um 1700 entstandene Haus in Deezbüll enthält in der Folge der Wohnräume noch soviel nicht präsentierte, sondern eher verborgene Reize, birgt in den Schapps und Truhen noch so viele alte farbfrohe Kleider, daß man sich hier wie in einstiger Kindheit in einem Wunderreich auf Entdeckung begeben kann. Repräsentativer ist zwar das, was die Museen in Flensburg, Schleswig oder Hamburg-Altona von der einstigen Wohnkultur der Festlandfriesen bieten. Vor einiger Zeit wurde man im Umraum von Niebüll auf leuchtend bemalte Möbel aufmerksam, deren volle Farbigkeit meist erst wieder freigelagt werden mußte. Tonderns Museumsdirektor Sigurd Schoubye bezeichnete diese, dem 18. Jahrhundert angehörigen Möbel als Arbeiten einer „Deezbüller Schule". Dafür ist zwar kein Beweis, und Carl Ludwig Jessen ist anscheinend nicht darauf aufmerksam geworden. Von Röm bis

Schmiede in Deezbüll

Die in drei Abschnitten erbaute Kirche von Hattstedt

Die Kirche in Schobüll von Nord, 1240 „Schoubull Capell"

Lindholm waren sie verbreitet, und nun stehen sie in schöner Reihung sowohl im Museum in Tondern als auch im Schleswig-Holsteinischen Freilichtmuseum in Kiel.

Kirchen wie in Hattstedt und Schobüll

Wir haben von Unterschieden zwischen Eiderstedt und dem Nordfriesland nördlich des Heverstroms gesprochen, von Unterschieden, die nicht nur aus der Lage erklärbar sind, wie es etwa der ist, daß die Eiderstedter ihre eigene friesische Sprache schon im frühen Mittelalter aufgaben und von den benachbarten sächsischen Landschaften das Plattdeutsche übernahmen, von Unterschieden, die nicht nur von anderen landwirtschaftlichen Strukturen herrühren und die die Eiderstedter das Barghaus wählen und das schleswig-nordfriesische Langhaus aufgeben ließen. Die Unterschiede zeigen sich auch in anderen Bereichen. Wir werfen einen Blick auf den Kirchenbau, der in den Festlandsharden zwar keineswegs als so charakteristisch friesisch angesprochen werden kann, wie wir es bei den Föhringer

83

Die Kirche in Schobüll von Süd

Kirchen meinen, die den ostfriesischen geschwisterlich gleichen. Aber einen einheitlichen Zuschnitt erkennen wir doch, und ein wesentlicher Unterschied gegenüber Eiderstedt ergibt sich schon aus der Silhouette der Türme, falls man nicht ganz auf sie verzichtet hat, während in Eiderstedt der Turm offenbar besonders betont ist. Eine in den sich staffelnd überhöhenden Formen so heitere Spitze, wie sie den Tönninger Kirchturm ziert, und die in Tating eine Wiederholung fand, oder einen so schlanken, mittels eines Auslugs unterbrochenen Helm wie in Tetenbüll sucht man weiter nördlich vergebens. Nur die alte Husumer Kirche, die 1807 abgerissen wurde, hatte einen entsprechenden Helm. Sonst ist das, was wir auf dem Festland sehen, von elementarer Strenge. Einfachste Stereometrie, die deshalb Monumentalität ermöglicht, bestimmt auch die Formen der Türme auf den Inseln. Für das Festland muß der prachtvolle Turm der Hattstedter Kirche zeugen, denn fast alle anderen sind späte Formen, umgebaut oder sogar neue Zusätze. So war der Turm der Schobüller Kirche bis 1780, wie betont wird, hoch, stürzte aber dann bei einer Reparatur ein und wurde in den folgenden Jahren nur sehr verkürzt wiederhergestellt. Aber eben die jetzige Geducktheit, die über dem breiten Rumpf nur einen kurzen, das Dach durchstoßenden Aufsatz zuläßt und dem Kirchendach verwachsen bleibt, macht den unverwechselbaren Charakter dieser Kirche aus, die sich hinter dem Deich verstecken und bewahren möchte. Ganz anders ist die mehr

84

Vermauertes Portal an der Schobüller Kirche

Kirche und altes Pastorat in Deezbüll

landeinwärts auf der Höhe der Geest liegende Hattstedter Kirche, die eigentlich
aus zweien besteht. Denn als man das zwar kleine, an Größe dem Schobüller nur
wenig nachstehende, aber sehr sorgfältig und vollkommen durchgestaltete Gottes-
haus aus Backsteinen gegen 1230 eben errichtet hatte, baute man ein neues, nun
breiteres und sehr gestrecktes Langhaus davor. Hatte eine Sturmflut so viel Menschen zur Geest hinaufgetrieben und war für sie die größere Kirche nötig? Oder
lockte der Sieg über König Abel 1252 die Friesen zu solchem Tun? Wir wissen es
nicht. Die Hattstedter war dadurch bis zur Mitte des 15. Jahrhunderts jedenfalls
die nordfriesische Kirche mit dem größten Fassungsvermögen, und in dieser Zeit,
vielleicht um gegenüber der aufwachsenden Husumer Marienkirche nicht zurück-
zutreten, erhielt sie den prachtvollen Turm. Über breitem Unterbau steigt er empor, und dieses Steigen wird herrlich dadurch, daß der Unterbau Schultern bildet,
die das Aufgereckte der Haltung noch vernehmlicher machen. Dem Massiv sind
auf allen vier Seiten Giebel aufgesetzt, die es ermöglichen, daß die Pyramide des
Helms achtseitig wird und mit einfachsten Mitteln Vielfalt erreicht ist. Bestes Zim-
mermannswerk ist dieser mit Schindeln gedeckte Helm mit dem großen Kaiserstiel

86

KIRCHE IN BRARUP, SÜDTONDERN
NORDFRIESLAND
119
25. AUG. 48

Altarraum der Kirche in Braderup

im Inneren. Gegenüber Eiderstedt will die größere Schlichtheit auch dieses vollendeten Turmes mit Verständnis gesehen werden. Als der Helm 1976 umwehte, hat man ihn sehr ungeschickt und ohne Pfiff ersetzt.

Die elementare Stereometrie scheint auch in der Haltung der Bauten beachtet, deren Gelagertsein ohne das Gegenspiel der ragenden Türme bleibt. Selbst wenn sich reichere Zierformen bieten, wie etwa das vermauerte Südportal der Schobüller Kirche, wo der Rundbogen der einstigen Toröffnung von einem Wulst überfangen ist, der im Scheitel hufeisenbogig aufspringt und dieses schon gotisierende Spiel von einem weiterem Spitzbogen überbaut ist, dann ist das doch nur eine in die Homogenität der Mauer eingefangene, sich fast versteckende Zier, die den Ernst des Ganzen nicht schmälert. Die Strenge und Schwere früherer Art des 13. Jahrhunderts vermögen die Bauten auch dann zu bewahren, wenn sie ihre Ausführung späterer Zeit verdanken. Die gotische und 1751 umgestaltete Kirche zu Deezbüll, deren Turm nachträglich angefügt wurde, bewahrt dieses Konservative. Die Kirche zu Braderup nordwestlich von Niebüll ist ein Backsteinbau des 13. Jahruunderts, ihr polygoner Chorschluß wohl etwas jünger, die tief ansetzende und gebuste Wölbung des Langhauses dürfte dem 14. Jahrhundert angehören, die flachere, eigentümlich verzogene Wölbung des Chors ist spätgotisch, und doch muldet sie den polygonen Raum wieder zur Rundung und wirkt auf Sammlung und Verdichtung, wie es sonst nur frühgotische Wölbungen tun. Das Prinzip ist dem jeweils Zeitgültigen zum Trotz geblieben. Auch in der Ausstattung zeigt sich mehr Bedacht und Schlichtheit als in dem der Mode aufgeschloseneren Eiderstedt.

Husum

Fünfzig Kilometer erstreckt sich dieses nordfriesische Festland von Süd nach Nord. Stattliche Dörfer folgen aufeinander, aber eigenberechtigte Städte gab es nur unten und oben, Husum und Tondern, – und Husum gewann seine Stellung erst spät. Die Stadt Tondern an der Nahtstelle zwischen Friesen und Jüten mußte 1920 an Dänemark abgetreten werden, und somit wäre Husum der städtische Mittelpunkt, soweit die Friesen eines solchen bedürfen, und das Paradoxe ergibt sich sofort: der Mittelpunkt liegt an der Peripherie; denn Bredstedt, das geographisch die Mitte ist, erwarb erst 1910 die Stadtwürde. Zwar erhielt das im Mittelalter unbedeutende Dorf schon 1530 Marktrecht, und der große, dreieckige Platz weist auf einen wohl beachtlichen Viehauftrieb, der sich hier entwickelte. Bedeutung gewann der Ort erst seit dem 18. Jahrhundert, als Koog um Koog anwuchs, und weil die Köge keine Dorfkerne bildeten, hatte Bredstedt den Nutzen. Der Wanderer wird die Weite dieses Ortes mit Achtung zur Kenntnis nehmen, aber angesichts der jungen Geschichte nichts suchen, was ihn künstlerisch beglücken soll. Er erwartet es dagegen in Husum, dessen Name für jeden mit „Grauer Stadt am Meer" gleichgesetzt ist, ohne daß sich eine Frage ergäbe. Theodor Storm hat durch seine Dichtung das Bild seiner Heimatstadt dem Allgemeinbewußtsein so eingeprägt, daß es manchem schwerfällt, das vorweg bestimmte Bild in der Wirklich-

Der Hafen in Husum

keit bestätigt zu sehen. Husum ist eine sehr vielfältige Stadt, obwohl auch sie jung ist. Erst die große Flut von 1362, die weite Flächen von Nordstrand abriß, gab die Voraussetzung dafür, daß hier ein neuer Hafen entstand. Der Ort erhielt jedoch erst 1448 eine eigene Pfarrkirche, nachdem er vorher von Mildstedt aus kirchlich betreut war, und dann wurde die wachsende Bedeutung der Nordseefahrt Husums Nutzen. Ein Aufstand des Grafen Gerhard gegen seinen königlichen Bruder Christian, der 1472 in Husum niedergeschlagen wurde, war den Hamburgern und Lübeckern eine willkommene Gelegenheit, die aufblühende Stadt zu strangulieren. Aber Husum erholte sich schnell, erhielt unter König Hans sogar besondere Vorteile zugespielt. 40 große Schiffe trugen Husums Namen über die See. Zu Beginn des 16. Jahrhunderts mußten Luxusgesetze den prunkenden Wohlstand steuern. Diese Blüte währt bis um 1600 und gipfelt in dem Bau des herzoglichen „Schlosses vor Husum" an der Stelle des 1494 gegründeten und 1528 geräumten Franziskanerklosters. Noch heute bezeugt sich die Bedeutung der Stadt im 16. Jahrhundert durch manchen aufwendigen Bau von einer Gewichtigkeit, die man wohl von Lüneburg her kennt, die aber in den Herzogtümern auffällt, weil deren alte Handelsstädte an der Ostseeküste nichts Vergleichbares mehr besitzen. Dabei muß man den engen Raum berücksichtigen, auf dem sich in Husum die Patrizierhäuser in

Kleine Straße in Husum

Wohnhaus Theodor Storms in der Neustadt von Husum

stattlicher Zahl zusammenfinden. Zwar haben die letzten hundert Jahre den überkommenen Bestand nicht sonderlich gepflegt, manches ist gefallen, weil nun Geschäft für höher erachtet wurde als gute Herkunft. Das originelle nachgotische „Altdeutsche Haus" mußte noch vor wenigen Jahren einem charakterlosen Neubau weichen. Aber prächtig ist noch der stolze Staffelgiebel des Hauses Großestraße 18, der der Zeit entstammt, als Herzog Adolf das Schloß vor Husum erbauen ließ. Stattlich und gut gepflegt bietet sich auch die Hausgruppe Markt 1 und 3, die wohl gleichfalls den achtziger Jahren des 16. Jahrhunderts entstammt. Sie ist nicht so zierlich wie das vorher genannte, erscheint aber gebundener, kompakter als das mit Blendgiebeln wie mit Spitzenvolants überhängte Haus schräg gegenüber in der Großestraße. An der Stelle dieser Markthäuser stand bis 1512 die herzogliche Münze, die in Händen des Landesherrn war. Die von da stammende Benennung „Herrenhaus" ist bis heute erhalten geblieben. Zu diesen Häusern gehörten einst noble Beischlagsteine mit den Insignien des Besitzers und der Jahreszahl. Sie bezeugten, wie man mit ihnen aus der Abgeschlossenheit des Hauses auf die Straße hinausgriff, so in sie hineinlebte, wie man es heute nur noch in dem anderen Blicken verborgenen Garten tut. Sinnfälliger als die Sitte der Hausbänke am Beischlag vermag nichts die nachbarliche Geselligkeit im späten Mittelalter, die Bezogenheit auf das öffentliche Leben zu erweisen. Eine Reihe solcher Beischlagsteine,

Drei Häuser in der Hohlen Gasse in Husum, alter Zustand

die jeden Kunstfreund ergötzen, hat sich noch in der alten Form erhalten. Der Brauch des Beischlagsitzens und damit viel Teilnahmebereitschaft ist in der individualistischen Neuzeit verlorengegangen. Die Würde des vorhergegangenen, aufgeschlossenen Lebens verlangte Raum, und weit und sehr klar, ja rationell geordnet sind deshalb Husums Straßen, die ein ganz anderes Bild ergeben, als wir es in der Winkeligkeit und oft krausen Enge Tönnings treffen, obwohl auch in Husum kein

Kleines Haus von Osterende in Husum

souveräner Fürst eingriff, um die Weite sich und seinen Bauplänen zu unterwerfen. Das von 1577 bis 1582 als Witwensitz der Herzoginnen errichtete Schloß liegt abseits der alten Stadt.

Bis in unsere Tage erschien der Hauptbau dieses Schlosses kahl, eng und dürftig. Das war das Ergebnis einer „Wiederherstellung" im 18. Jahrhundert, die einer Schändung gleichkam. Einst, und so zeigt es noch der „Danske Vitruvius" 1749,

Haus Cornils in Husum. Torhaus des Schlosses

war der zweigeschossige und mit einem Mittelturm ausgezeichnete Bau mit drei-
geschossigen Seitenflügeln versehen, und diese stellten sich mit schön geschweiften
und mit Aufsätzen gezierten Giebeln dem Herannahenden so entgegen, daß es –
auch mit dem niedrigen Torhaustrakt – wie eine Vorwegnahme dessen hätte anmu-
ten können, was ein Vierteljahrhundert später, dem Wunsche eines Königs wie
Christian IV. gemäß großartiger war, in der Frederiksborg bei Hilleröd auf See-
land entstand. Holländische Renaissance sprach sich hier wie allenthalben im Norden aus, ein monumentalisiertes Spielzeug mit ebenso munter wie lustig gekrönten
Türmen, Giebeln, Zwerghäusern. Rot, mit weißen Sandsteinbändern durchzogen,
erhob sich der Backsteinrumpf, grün waren dagegen die kupfernen Dächer und
Hauben. Von all dem ist bei dem heutigen Baubestand des Husumer Schlosses nicht
mehr viel zu sehen. Wohl hat man 1980 dem verbliebenen, aber entkrönten Mittelturm wieder eine Kupferhaube in der Form, die der Danske Vitruvius zeigte, aufgesetzt, aber sie ist unschicklich dicklich, und das Zusammenspiel des Ganzen nicht
wieder zurückgebracht. Eine Ahnung von einstiger Variabilität aber gewinnt man
noch, wenn man die Wendeltreppe des Turmes hinaufsteigt, die vierseitige Spindel
mit den sich übersteigenden Nischen sieht, in denen einst wohl allegorische Figuren
standen und dem humanistisch gebildeten Besucher renaissancegemäßes Ergötzen

17. IX. 1947

Alte Wendeltreppe im Husumer Schloß

Heidtrider-Kamin im Schloß zu Husum, 1615

Hauseingang an der Wasserreihe in Husum

gaben, während ein gotisches Zellengewölbe den Aufstieg deckte. Einen Maßstab für einstige Schönheit, die sich im Reichtum erfüllen sollte, gibt dann noch das Torhaus, das das Datum 1612 trägt. Zwar ist es geweißt und weicher in den Giebelkonturen sowohl als auch in dem Zusammenspiel der Formen, heiterer in seinem ganzen Sein als einst das Schloß, aber es gibt doch der Vorstellung einen Schlüssel, wobei bedacht werden muß, daß es nur ein Torhaus ist und daß das durch dieses zu erreichende Schloß Steigerung und Höhepunkt des Erlebens sein sollte.

Von diesem Höhepunkt mögen die im Schloß noch erhaltenen Kamine ein Teil gewesen sein. Wir bewundern sie jetzt als eigene Kunstwerke, weil das Raumganze, dem sie eingefügt waren, nicht mehr besteht, in diesem aber waren sie nur dienende Gliedteile. Henning Heidtrider, der in Kiel seine Werkstatt führte, hat sie von 1612 bis 1615 geliefert. Der Ruhm dieser aus Alabaster und Sandstein gefertigten Kamine kam besonders im 19. Jahrhundert auf, und einer – der reichste, wenn auch 1752 im Aufsatz geänderte – gelangte deshalb 1919 zum Leidwesen der Husumer in das Berliner Kaiser-Friedrich-Museum. Aber der verbliebene Fortuna-Kamin zeugt nicht weniger eindrucksvoll vom Vermögen des Künstlers und vom Kunstsinn des Bauherrn. In der Mitte des Aufsatzes ist das Bildnis Herzog Johann Adolfs in reichem Beschlagwerkrahmen eingebracht. Im Sturz sehen wir das Bild, das dem Kamin den Namen gab, die schwebende Fortuna, umspielt von den ungleich Beschenkten. Die architektonische Grundform, die der Zweck bestimmte, die verspielte Plastik an den stützenden oder rahmenden Teilen, die malerischen Reliefs, die munter silhouettierten Aufsätze machen diese Kamine zu qualifizierten Kunstwerken, die zeigen, daß man in den Herzogtümern sehr wohl zeitgültige Werkkunst zu schaffen verstand. Da ist nichts von provinzieller Enge, sondern es wird offenbar, daß, wären die Räume in ihrer Ganzheit noch vorhanden, sie ohne Vorbehalt mit denen in Schloß Bückeburg oder Weikersheim zusammen genannt werden könnten. Auch die in den Kaminen sich spiegelnde Vielfalt der Möglichkeiten bedeutet, daß sich hier mehrfach gültiges Schaffen demonstriert, denn neben der Heidtrider eigenen Form treffen wir eine andere, die eher für holländische Herkunft spricht. Man hat sie erkannt, als man auf die künstlerische Form Colyn de Noles wies, die sich durch die Hand eines Nachfolgers hier bezeugt. Daß hier ebenso hochwertige wie modische Leistungen gegeben sind, ist aber nicht allein aus der Laune eines noblen Fürsten zu erklären, sondern was sich hier im Schloß zeigt, hat viel Vergleichbares in den gemeißelten Ehrentafeln, den Epitaphien, die sich Bürger und Beamte in ihren Kirchen setzen ließen. Und daß auch die Bürger nordfriesischer Orte Kunstsammler sein konnten, bezeugt heute noch die aus dem beginnenden 18. Jahrhundert stammende Grundsche Stiftung, die die Witwe des Etatsrats Grund 1741 für Bredstedter Predigerwitwen machte, und die außer Familienporträts Werke von Jürgen Ovens und dem in Kopenhagen zu Ruhm gelangten Flensburger Maler Hendrik Krock enthält. Es war ein reiches Land, in dem dieses möglich wurde, und manches davon hat sich noch in unsere Tage hinübergerettet. Es war aber auch ein an künstlerischem Können reiches Land, denn neben dem, was von dem einen Schloß und von dem Bürgerstolz des 16. und 17. Jahrhunderts auf uns kam, stehen die mit Bildwerk buntbemalten Schrän-

Hallig Langeneß von Hallig Oland gesehen

ke des 18. Jahrhunderts, steht die Fülle der Volkskunst in der Kerbschnitzerei auf Möbeln und Kleingerät, zeitlose, dienende Form in frischer Farbigkeit, stehen die Flechtereien von Aventoft, die Noppenkissen mit einfachen symbolhaften Figuren, die bis gegen 1900 in Langenhorn noch gefertigt wurden, die schönen klarformigen Stickereien. Dieser Fülle eigengefertigter Dinge, die auf den Bildern Carl Ludwig Jessens noch erscheinen, muß man sich erinnern, das heute meist nur in Museen gewonnene Bild hinzutun zu dem, was sich in der Landschaft noch erhalten hat, um die ganze Fülle bei den als wortkarg und ebenso kunstarm bezeichneten Nordfriesen zu erkennen.

Die Welt der Halligen

Die Nordfriesischen Inseln, die dem Binnenländer als Inbegriff des Ferienglücks und als von der Sonne besonders verwöhnt erscheinen, sind, wie jeder mit der Geschichte Nordfrieslands Vertraute weiß, nur Reste einst größerer Gebiete, die wohl auch reich und glücklich waren und doch unter unausweichlichem Schicksal standen. Eine Landes- und Volkskunde, die 1845 erschien, betitelt der Verfasser K. J. Clement von Amrum „Die Lebens- und Leidensgeschichte der Friesen, ins-

Häuser mit Feeding auf Hallig Hooge

besondere der Friesen nördlich von der Elbe". „Aquis submersus" heißt Felix
Schmeissers Storm nachempfundenes Gedicht: „Von versunkenen Welten melden
Frieslands Pergamente . . ., Von verschollenem Leben rauschen Wogen durch das
Grabfeld des Watts." Aquis submersus: In den Wassern versunken, ist der Titel
einer der auf Tragik gestellten Stormschen Novellen.

Wir sehen die Welt der Halligen. Beglückend bietet sich dem das Bild, der
im Sommer gegen Abend von Langenhorn hinüberschaut, wenn die See daliegt
wie ein blitzender Spiegel und darin gereiht wie kostbare Perlen zu einer feinen
Schnur die vom Licht fast überstrahlten Inselchen. Von einmalig zarter Schönheit
ist das Bild der Halligen, wenn man sich ihnen im Boote nähert und die Priele, die
in sie hineinziehen, wie eitel Silber scheinen und das weite Halligfeld von dem
wässerig hellen Rot der Grasnelken überzogen ist. Darüber schwingen sich Möwen
im wiegenden Flug. Wie freundlich und verträumt zugleich scheint das Leben hier,
auf kleinstem Raum, der mit wenigen Schritten durchmessen ist, aber doch immer
angesichts einer Unendlichkeit, die nicht Leere, sondern voller Reflex und voller
Farbe ist. Solche Unendlichkeit, der man sich im Alleinsein vorgeworfen sieht,
läßt wohl letzte Fragen stellen, aber sie löscht Worte und macht still, sie treibt
jedoch zu sehen. Vielleicht hat Nordfriesland angesichts dieser eigenen Welt

so wenig Dichter, aber so viele Maler hervorgebracht, und manche haben eben das Glück auf den Halligen, die Heimlichkeiten, zum immer wiederkehrenden Thema erhoben. Aber daneben steht das ganz andere, und der Halligfriede scheint nur tückisches Sirenenlocken dieses Stürmens und Überbrechens des Wassers. Schon Plinius der Jüngere hat es um 50 nach Christi Geburt in seiner „Naturgeschichte" geschildert: „Ein armseliges Volk wohnt dort. Wenn das Wasser das Umliegende bedeckt, sehen die Leute in ihren auf Hügeln errichteten Häusern wie Schiffahrer aus, und wenn es wieder abläuft, scheinen sie wie Schiffbrüchige." Schiffbrüchige, die sich auf morsche Planken ihres zerschlagenen Schiffes gerettet haben und nun verlassen und dem Tod zum Opfer auf glucksender See treiben, das traf bislang tatsächlich das Bild von Halligbewohnern. Immer mehr nagte die spülende Flut an den Kanten dieser Landfetzen mitten im Meer, und enger und enger wurde der Raum, auf dem die Halligleute ihr Leben bestehen wollen. Aber dieses Abbröckeln der Kanten, mit dem die See gleichmütig ihren Willen hat, war wie letzte Phase. Jetzt scheinen sie durch Betonmassen gesichert, ob sie nun standhalten, muß sich erweisen. Noch sprechen die Menschen hier von den großen Katastrophen, die in wenigen Stunden ihre Welt zerbrachen, wie zur Selbstmahnung, denn das Fatum bleibt. In der Nacht vom 11. zum 12. Oktober 1634 brach eine

Häuser auf der Ketelswarf von Hallig Langeneß

Das Haus des Königspesels auf Hallig Hooge

Sturmflut die Deiche von Nordstrand gleich an vierzig Stellen, und am nächsten Morgen waren nicht nur lediglich ein knappes Viertel der über 8000 Bewohner der Insel noch am Leben, sondern die Landkarte hatte sich verändert; zwei Inseln, zusammen nicht einmal die Hälfte des bis dahin Gewesenen, und kleine Halligfetzen, Nordstrandisch Moor und die heute landfest gewordene Hamburger Hallig waren übriggeblieben. Die ganze Welt der Inseln nördlich Eiderstedt ist nur das Trümmerfeld einstiger, von Wattströmen durchzogener Landmassen, einstigen Marschbodens vor der Abbruchlinie diluvialer Geest, auf Sylt, Föhr und Amrum von verankernden Geestkernen durchstoßen, Marschboden, der verlorenging, weil die Deiche schlecht waren. Aber es ist nicht nur Verlust, sondern ein weit vielfältigeres Geschehen. Nach der Zerstörung des weiteren Landes haben sich die Halligen durch Aufschlickung neu gebildet und ohne viel Ufersicherung gehalten, während die von Deichen geschützten Festlandmarschen einfielen und die Deiche immer wieder erhöht werden mußten. Unter den Halligen liegen ältere Kulturschichten, unter der Hallig Südfall die Spuren des 1362 untergegangenen Rungholt, über dessen Fluren sich Neues, wenn auch Winziges gegenüber dem Gewesenen aufgebaut hat. Es ist ein sehr vielstimmiges und ein sehr wechselndes Leben in der Welt der Inseln und Halligen, und das gilt nicht nur für das Ineinander von Werden,

Vergehen und Wiederwerden, sondern auch für die Verschiedenheit im Wesen jeder einzelnen. Da ist das selten erreichte Süderoog mit vielen zum Nachsinnen treibenden Erinnerungen an pfeifende Stürme und an Schiffbrüchige auf dem der Hallig vorgelagerten Süderoogsand. Die Galionsfigur über der Tür des auf hoher Warft gelegenen Paulsen-Hofes stammt von einem gestrandeten Schiff. Das unbewohnte Norderoog wird von Tausenden und Abertausenden von Brandseeschwalben und Möwen umflattert, die hier ihr Gelege haben. Es folgt die reiche und mit zweihundert Menschen am stärksten besiedelte Hallig Hooge mit vielen Zeugen alter Seemannskultur. Die friesischen Grönlandfahrer saßen hier und hielten Verbindung mit der großen Welt. Der Königspesel im 1766 erbauten Hansenschen Haus hat seinen Namen davon, daß König Friedrich VI. von Dänemark 1826 hier Wohnung nehmen mußte, weil ihm das Wetter die Rückkehr zum Festland verweigerte. Bescheidener geht es dagegen auf der größten Hallig, auf Langeneß, zu. Obwohl sie neunzehn Warften gegenüber neun auf Hooge hat, ist es dort ein munteres Beieinander, während es sich hier zur langen Schnur reiht, und bei aller Schönheit, die sich hier im Frühjahr und Sommer bieten kann, liegt eine eigene Melancholie darüber.

Hof auf Norderhörn der Hallig Langeneß

Ein Hof auf der Insel Pellworm, im Hintergrund die Kirchturmruine

Aber so sehr diese eigene Welt der Halligen mit all dem, was sie ihren Bewohnern an Beschränkung, ja an Not auferlegt, mit all der Gefährdung, die in herbstlichen Sturmfluten bis zur Bedrohung des nackten Lebens geht, zum Verzicht führen könnte, so liegt doch den Menschen dieser Halligen solche Absicht fern. Schon Plinius mußte es feststellen. Nachdem er die Not dieses Lebens geschildert hatte, schrieb er mit Verwunderung: „Und diese Menschen behaupten noch, daß sie Sklaven sein würden, wenn sie heute von den Römern besiegt werden sollten. Aber so ist es wahrhaftig, viele verschont das Schicksal zu ihrer Strafe." Nun, den Halligleuten scheint das Lebenmüssen keine Strafe, keiner erhebt sich über den anderen, die Nachbarschaft ist hier Gebot und Glück zugleich, und die Treue ist hier Ethos, das außer Zweifel bleibt. Der Halligbewohner liebt die paar Quadratmeter Land, die ihm aus Gemeinschaftsbesitz gegeben sind, und hält zu ihnen trotz allem Fatum, das darüberzustehen scheint. Diese Not beginnt schon mit dem Wasser. Was in solchen Massen anbrandet und ringsum als das einzige und deshalb Absolute gilt, ist das knappste, wenn es für Mensch und Tier genutzt werden soll. Dann war es nur das Regenwasser, das zum Trinken bereit stand. Von den Reetdächern wurde es aufgefangen und in Brunnen geleitet. Daneben fing ein hochgelegener und weiter Feeding noch den Regen auf, und alles wurde getan, um diese kostbaren Wasserbehälter vor der Überflutung mit dem

Hof auf Pellworm

Alte Kirche mit der Turmruine auf Pellworm

Salzwasser des Meeres zu sichern. Um den auf hoher Warft gelegenen Feeding sammeln sich die Häuser so, als seien sie hier zusammengekrochen, um in der letzten Stunde beieinander zu sein. Das kleine Hallighaus bleibt in der Struktur zwar dem Marschenhaus Nordfrieslands verwandt, aber es ist eben seine extrem kleinste und reduzierteste Form. Es kann von vorneherein auf eine Dreschdiele verzichten, weil man auf der Hallig kaum Getreide baut. Es kann auch den Bansenraum entbehren, weil man nicht viel Ernte einbringt, und deshalb haben die Hallighäuser auch keinen Spitzgiebel über der Eingangstür, denn man braucht hier keine Luke, durch die ein Erntewagen entladen würde. Nur das Haus des Königspesels auf Hooge hat einen Backengiebel in der Hausmitte. Die Halligleute betreiben Viehzucht, versorgen einige Kühe und Schafe, für die das notwendige Winterfutter, das Heu, mit der Sichel gemäht und mit einem Tuch in Ballen verschnürt auf dem Kopf zusammengetragen und neben dem Haus in Diemen aufgestellt wird. Der „Busem", der Kuhstall, und die „Schepshök", der Schafstall, dieser meist als kurzer Winkelbau dem kurzrechteckigen Haus angefügt, heischen nicht mehr Platz als die zwei oder drei ineinandergeschachtelten Wohnräume und die Küche. Alles ist hier auf engen Zuschnitt gestellt, selbst die Kübbung fehlt. Die tragenden Ständer, auf die man nicht verzichten konnte, weil das Haus noch halten muß, wenn die Mauern von der Sturmflut eingedrückt sind, stehen unmittelbar an der Innenseite der Mauern. Kein verlorener Raum wird hier zugelassen, und ebenso verschachtelt, wie es im Haus sein kann, ist das enge Beisammensein in der Häusergruppe auf der Warft. Jedes Haus hat ein Reetdach, das tief herunterhängt, wie man ja auch eine Mütze tief in das Gesicht zu ziehen pflegt, wenn das Unwetter allzu rauh zupackt. Zwischen diesem Gewürfel der Reetdächer sticht dann belebend der Baum eines Brunnens nach oben, oder eine kleine Bockmühle steht da. Letztere hat dann die Aufgabe, die spärliche Kornernte für das Vieh zu verschroten. Es ist eine eigene Symbiose des Verschiedensten, aber Notwendigen. Es ist, vielleicht noch mit einer Kirche zusammen, die sich in ihrem Aussehen kaum von den Wohnhäusern unterscheidet, das Bild einer Geborgenheit in einer Lage, die nur Gefährdetsein ist, ein Bild des Glückes inmitten rauherer Tatsachen, die hier eher zur Katastrophe drängen als irgendwo anders auf der Welt. Vielleicht macht dieses Entweder–Oder und vom Schicksal Bedrohtsein die Halligen zu einem so nachhaltigen und doch tröstlichen Erlebnis. Nach 1962 ist die Lage der Halligleute wesentlich gebessert. Trinkwasser kommt vom Festland, widerstandsfähige Fluchträume sind gebaut, und man weiß, daß Hilfe nun näher ist. Aber dennoch bleibt es Halligleben und bei den Menschen Halligwesen.

Anders ist das Bild auf den beiden großen Inseln, die die Sturmfluten von 1362 und 1634 von dem so sagenhaft reichen Alt-Nordstrand übrigließen, die sich, nachdem erste Deiche um die gebliebenen Landfetzen herumgezogen waren, nur noch arrondieren konnten. Die eingedeichten Marscheninseln sind sehr fruchtbare, aber eintönig ausschauende Nutzflächen. Auf Nordstrand waren es Holländer auch katholischer Konfession, die, von Herzog Friedrich III. gerufen, von 1652 ab das Deichwerk taten und hier bei Wahrung ihres Glaubens seßhaft blieben. Ihre Kirche widmeten sie im Lande der Realisten der erst 1622 heilig ge-

Die St.-Johannes-Kirche von Nieblum auf Föhr

sprochenen Mystikern Theresia, und der Erzbischof von Utrecht war durch die ersten sieben Jahrzehnte ihr Betreuer. In der Kirche zu Odenbüll, die die Katastrophe von 1634 überstanden hatte und der verbliebenen lutherischen Gemeinde erhalten wurde, sammelten sich die wieder aufgefundenen Ausstattungsstücke, die Reste aus untergegangenen Gotteshäusern an. Die zweite Insel, die bis heute Insel geblieben ist, während Nordstrand durch einen Damm landfest wurde, wäre längst wieder verloren, wenn nicht mächtige Steinwälle sie schützten. Das eingeschlossene und umhütete Land liegt bis zu eineinhalb Meter unter der Meereshöhe. Die Häuser stehen deshalb wohl fast alle auf Warften. Es sind hier die Formen des Wandständerhauses der nordfriesischen Uthlande mit im Winkel angesetzter Tenne, die sich tief verhalten, um den Stürmen einen möglichst geringen Angriff zu geben. Am westlichen Deich erhebt sich die Salvatorkirche, jedem, der sich im Wattenmeer Nordfrieslands umgetan hat, bekannt. Sie hat den abenteuerlichen Turm, auf den nicht nur der Steuermann am Ruder achtet und der als Seezeichen genutzt wird, sondern der jedem in der Erinnerung bleibt, weil dieser einst sehr mächtige Turm nur noch halb steht, halb in der Höhe, halb aber auch in der Tiefe, denn schon vor der großen Flut stürzte 1611 „bey ganz stillem Wetter" seine Ostseite ein, so daß nur noch die Westwand und Ansätze der Nord- und Südwände blieben. Es

Haus in Devenum auf Föhr

ist, als ob man in den aufgerissenen Leib eines Urtieres hineinsähe. Man erkennt, daß das Untergeschoß dieses Kolosses, der dem 13. Jahrhundert entstammt, einst gewölbt war und darüber abgesetzte Stockwerke lagen. Der Seeräuber Cord Wide-rich aus Dithmarschen soll 1412 ein ganzes Jahr in diesem schon mit seinem Stein-werk drohenden Turm gehaust haben. An Kirchtürme war im Mittelalter meist das Asylrecht gebunden. Daß Aufrührer sich in ihnen seßhaft machten, kam des öfteren vor, sonst hätte Papst Coelistin II. dem Erzbischof von Arles 1191 keine beson-deren Vollmachten gegen solchen Mißbrauch des Asylrechtes zu erteilen brauchen. Will man den vielen Erzählungen glauben, dann muß Cord Widerich hier ein gan-zes Lager von Raubgut kirchlicher Herkunft zusammengeschleppt haben. Aber er war dabei nicht kleinlich und offenbar auch nicht unfromm, denn was soll sich allein die Büsumer Kirche nicht alles wieder von ihm haben schenken lassen! Hin-ter diesem sagenumwobenen, abenteuerlich hoch ragenden Turmstumpf erstreckt sich das Reststück der noch älteren Kirche, die durch den Einsturz des Turmes selbst schweren Schaden erlitten hatte. Aus Sandstein und rheinischem Tuff ist im endenden 12. Jahrhundert der Chor mit der halbrunden Apsis gebaut. Das in

108

Backsteinen auf Sandsteinsockel errichtete Langhaus entstammt dem 13. Jahrhundert, doch Reste eines älteren Werks, so die Ecksäulen im Südportal, haben sich erhalten und sind dem Bau des 13. Jahrhunderts eingefügt. Und dieser so schon im Architektonischen beachtliche Bau birgt eine reiche Ausstattung. Der zerfallene und doch aufgereckt stehende Westturm deckt ihn und die in seinem Rücken verhaltenden Häuser wie ein mächtiger Schild. Solche Erlebnisse locken immer wieder nach Pellworm, aber wer sich dann näher auf der Insel umschaut, wird doch zugestehen müssen, daß die ganze Art des Eilandes der von Nordstrand, von wo er kam, gleich ist. Über die nun kaum noch bedachte lange Zeit der gewaltsamen Trennung hinweg wird es nicht verkannt, daß beide, Pellworm und Nordstrand, vor wenig mehr als 300 Jahren noch eine Einheit waren.

> *Sein Ufer ist zerklüftet und zerissen.*
> *Die Welle rollt in's Land mit gier'ger Lust,*
> *Als sehne sich das Meer, es zu umschließen*
> *Und wild hinabzuzieh'n an seine Brust.*

> *Andresen von Hallig Hooge*

Die drei großen Inseln

Eine Einheit waren einst auch die drei nordfriesischen Geestinseln Amrum, Föhr und Sylt. Aber diese wurden vor Jahrtausenden schon durch eine große Landsenkung getrennt und haben seither jede in langer Zeit ihren eigenen Charakter finden und entwickeln können. Zwar die Gestalt, die sie heute auszeichnet, und die uns für Sylt, dem kühn gezogenen, und für Föhr, dem pygnisch gerundeten, schon wesensgemäß scheint, haben diese Inseln auch erst durch die Sturmfluten von 1362 und 1634 erhalten. Bis dahin war besonders Sylt mit weiten Marschgebieten bedacht, die sich westlich vorlagerten. Es gab noch nicht die wehenden Dünen. Wo heute die See vor Westerland in Brandung steht und Woge um Woge anläuft, um sich schließlich brüllend zu überschlagen, da zog einst der Pflug seinen Weg, lagen Dörfer und wohl gar Kirchen. Aquis submersus. Auch in der Zukunft wird es keinen Stillstand geben, immer wieder kann die See zum Schutz errichtete Mauern zerschlagen, kann trotz aller Bemühungen zu sichern, ein Dünenstück abreißen oder gar die Dünenkette ganz durchbrechen. Aber im Rücken der Insel baut sich neuerlich Land auf. Erdgeschichte vollzieht sich hier in der Nahsicht, ist gegenwärtiges Erlebnis.

Wir nennen Amrum als die Insel der Ambronen zuerst. Von ihnen haben wir Kunde, lange bevor wir von anderen germanischen Völkerstämmen hören können. Die Ambronen waren dabei, als die Cimbern und Teutonen 113 vor Christi Geburt bei Noreja ein römisches Heer schlugen und Rom in nicht geringe Angst versetzten. Landnot wird es gewesen sein, die sie nach Süden trieb. Vielleicht war der Abbruch ihrer heimatlichen Scholle bedrohlich geworden, das gebliebene

Hof Carstensen in Wrixum auf Föhr

Hof Arfst Arfsten in Boldixum auf Föhr

Geestland nicht besonders fruchtbar und der Dünenwall breit. Erst im endenden 17. und 18. Jahrhundert kommt es zu einem Aufschwung, weil sich die Inselbewohner an der Seefahrt und am einträglichen Walfang beteiligen. Aber bescheiden, ja zaghaft und keusch ist die Landschaft geblieben. Das hoch auf der Düne gelegene Wittdün verdankt sein Werden den im 19. Jahrhundert aufgekommenen Badefreuden und hat sich 1890 zum Seebad erklärt. Aber auch der Haupt- und Kirchort der Insel, Nebel, ist nach seinem Namen, der dem festländischen Niebüll entspricht, eine neue oder vielmehr eine andere ältere ersetzende Siedlung, und die Kirche war zuerst Filiale von St. Johannis auf Föhr und von deren Geistlichen betreut. Das 12. Jahrhundert dürfte die Entstehungszeit des aus Feld- und Backsteinen errichteten Gotteshauses sein, das dem Schutzheiligen der Schiffer, dem Clemens, geweiht war. Die im Nordosten des Dorfes gelegene Kirche ist das Ziel aller Amrumfahrer, die aber nicht so sehr den Bau, als vielmehr den Friedhof mit der Fülle seiner hohen Grabsteine durchstreifen. Lange kann man hier verweilen und lesen oder hören. Da wird vom Schicksal der Amrumer Kapitäne auf hoher See, von Gefangennahme und Sklavendienst bei den Türken, aber auch von selten erreichtem beschaulichem Glück des Alters erzählt. Wieviel Glaubenszuversicht klingt aus den reich beschrifteten Steinen auf, die inselfriesische Steinmetzen meißelten. Schiffe, Mühlen, die in den Texten erwähnten Personen, Wappen, Symbole, Blumen und Ranken werden am Kopf, an den Seiten oder als Einschuß im

Alte Landvogtei in Midlum auf Föhr

Südgiebel des Hauses aus Alkersum von 1619, nun im Friesenmuseum Wyk auf Föhr

Küche des Hauses aus Alkersum auf Föhr

Pesel im Hause aus Alkersum auf Föhr

114

Schriftfeld angebracht und ergeben zusammen mit dem immer zugestimmten Text hier und in Nieblum und Boldixum auf Föhr ein eigenes Kapitel friesischer Volkskunst des 18. und beginnenden 19. Jahrhunderts. Doch man tut nicht recht, hier nur eine in das Deftige gewandelte Rokokokunst in der verspielten Kalligraphie der Inschriften, in den wuchernden Ranken von Blattgirlanden, ja in echten Rocaillen festzustellen. Man muß das Bildwerk als ein Beieinander bedeutender Zeichen verstehen. Schiff oder Windmühle weisen den Beruf des Verstorbenen aus. Tulpen oder Eicheln stehen für die Zahl der Söhne, Rosen für die der Töchter. Sind die Blumen geknickt, dann war das damit gemeinte Kind, als der Stein gemeißelt wurde, schon tot. Daß das wogende Meer, dem das Schiff zum Spielball wird, bewegtes Lebensschicksal andeutet und daß die Stellung der Windmühlenflügel eine bestimmte Aussage ist, braucht nicht erst erläutert zu werden. Die Inschrift berichtet dann eingehend von den aus dem Dargestellten schon bekannten Daten. Jeder Stein ist so in Wort und Bild eine Chronik, und die Gesamtheit der Steine ist Inselgeschichte, eine herbe Geschichte, wie die einsame Insel mit ihren weißen Dünen und der braunroten Heide herb ist.

Anmutiger, freundlicher somit, bietet sich die Insel Föhr. Der Anteil des Geestbodens ist hier gering, die Marsch nach Norden hin gedehnt, und wenn auch die Folge der Straßendörfer auf der Geest oder an deren Rande liegt, die sichtbare Wohlhabenheit der Häuser und die damit gewonnene Geruhsamkeit, die sie bekunden, danken sie dem guten Marschboden. Weich sind die Konturen von Föhr, vom langen Atem des Windes sprechen einige gemuldete Linien, und eingebettet liegen die Dörfer. Die niedrigen, reetgedeckten Häuser schützen sich hinter Ulmen, und immer wieder reizt es Maler, einheimische und fremde, die baumbestandenen und von der Folge der Häuser gesäumten Straßen zu malen, durchspielt vom Geflimmer der Sonnenstrahlen, die durch das volle Laub der Bäume hindurchgebrochen sind. Dabei haben die Häuser auf Föhr einen besonderen Zuschnitt. Es sind in der Anordnung der Räume uthländische Häuser wie auch in der festland-friesischen Marsch, vielleicht bescheidener als dort, weil die Inselfriesen die Landwirtschaft früher weniger intensiv betrieben und in der Seefahrt ihren anderen Beruf fanden. Aber man meint doch, auf Föhr seien die Häuser knapper als anderswo bemessen, und der Spitzgiebel in der Mitte der Häuser ist nicht ein hochgestrichener Akzent in einer fast verlaufenden Horizontalen, sondern das Gelagerte und das Stehen mittels des Giebels gleichen sich aus, und die Giebelform selbst hat nicht das Überspitzte, das ihr auf Sylt oft eigen ist. Das Bild, das die Häuser Föhrs mit ihren von Steinwällen umgebenen Gärten, mit ihrem Baumreichtum bieten, scheint gelassener. Ein besonders eindrucksvolles Beispiel eines Föhringer Uthländer-Hauses ist das Haus Olesen aus Alkersum von 1617, das der Wyker Arzt Dr. Häberlin dadurch rettete, daß er es nach Wyk überführte und mit größter Sorgfalt neben seinem Friesenmuseum wieder aufbaute. Da hat der Stall noch eine Erdsodenwand und eine andere aus Brettern, wie es älterer Brauch war, und die ganze Anlage, die auf das Bergen und Verbergen abgestellt ist, gibt sich geduckt. Im Innern aber überrascht die Unterteilung in viele Räume, die zwar eng wie Schiffsverliese sind, mit ihrer Katschur an den nach auswärts gehenden Seiten eine bergendere und be-

Scheunenteil des Hauses aus Alkersum mit Katschur

Die St.-Johannes-Kirche in Nieblum auf Föhr, der „Friesendom"

zogenere Gestalt haben, als es Stuben möglich ist, die eine durchgehend gerade Decke zeigen. Die vierteilige Wohnseite öffnet sich rechts der schmalen Diele, während links die ineinandergeschachtelten Ställe, die kleine Dreschtenne und der Futterraum liegen, alles ist nah und handgreiflich, nichts für breitspuriges Auftreten. Die Häuser der Inselfriesen scheinen somit nicht von ungefähr die intimsten und behaglichsten hierzulande zu sein, was nicht wundert, denn draußen, sturmdurchweht und gefährdet auf See oder hausfern auf Weidefenne und Acker, fühlt man sich den Elementen zum Spiel und Spott ausgesetzt.

So sehr die Häuser das in der Enge Geborgene zum Wesen haben, um so raumweiter, riesiger sind die Kirchen, die auf Föhr weit mehr als die auf Sylt. Mächtig ragen sie empor, aus der Nähe kaum zu überblicken, und die Häuser halten respektvollen Abstand. Es gibt kein trauliches Beisammen wie in sächsischen Landschaften. Die Kirchen stehen wie einsame Herrschermacht, große Ordnung über allem Skurrilen des täglichen Lebens. Sie wehren den Vergleich mit dem Kleinen und brauchen keinen Maßstab. Über den doch kargen Weiten der Felder, die vor dem Blick dessen, der von den Halligen her über See kommt, noch in den Wellen versinken, recken sich die Kirchen als zeitvergessene Mahnmale vor unendlich sich wölbendem Himmel. Ihre klar umrissene Form stellt sich bedeutsam in den Blick, und als ob glühende Sonne und herb schmeckender Wind die hohen, jeden reicheren Schmuck meidenden Mauern ausgebleicht habe, stehen sie wie von Uranfang. Ihre Majestät ist ihr elementares Sein, das stolze Beisammen einfacher Grundgestalten. Wir sehen einen mit einem Satteldach gedeckten Quader in der Horizontalen, bedeutsam von einem Querhaus entsprechender Gestalt durchkreuzt, ein Quader mit schlichtem Satteldach steht in der Vertikalen als Turm davor, ohne Einwand ist das alles und gelassen wie bei den Urkirchen der Christenheit. Zu dieser Gesamtform, die die Gültigkeit des Absoluten hat, paßt auch die Mauertechnik. Sie ist bei den Kirchen zu Nieblum und Süderende noch sichtbar, war aber auch in Boldixum gegeben, bevor der Bau in der Mitte des 13. Jahrhunderts seine heutige Gestalt in Backsteinen erhielt. Es ist die Technik des Granitquaderbaus. Mittels des Spitzhammers wurden die kulligen Feldsteine so behauen, daß sich spiegelnd glatte rechtwinklige Flächen ergaben. Obwohl der vermauerte Teil der Steine rund blieb, wirkt jeder einzelne in der Ansicht wie ein klarer stereometrischer Körper, scheint vollendete Mathematik, und der rohe Stoff ist vom rationalen Geist bezwungen. Der einzelne rektanguläre Stein entspricht der Stereometrie des Gesamten. Mit einfachsten Mitteln ist hier das Absolute demonstriert und der Geist als Prinzip sichtbar. Diese Technik, die wahrscheinlich in Jütland entwickelt wurde, sehen wir sowohl in Nordfriesland als auch in Südfriesland, – wir könnten sie zwar auch hier und da im Brandenburgischen antreffen. Da sie in Nord- und Südfriesland aber das klarste Entsprechen der kargen Gesamtgestalt ist, grüßen sich so die Stämme über die weite See hinweg, und die Verwitterung des wie zur Wehrhaftigkeit gestellten Mauerwerks macht die steinerne Urkunde der Stammesgemeinschaft noch ehrwürdiger. Das ist von allen erkannt, die die Föhringer Kirchen mit denen in Ostfriesland und im Jeverland verglichen haben.

118

Romanischer Taufstein in der Johannes-Kirche Nieblum auf Föhr

Grabstein auf dem Friedhof von St. Johannis auf Föhr

Im Inneren ist der Ton dieser Kirchen anders als dort. Der Raum ist weniger steil. Während im Südfriesischen die Flachdecke als die jenseits aller Greifbarkeit eine Zäsur setzende Schnittfläche erscheint, pflegte man auf Föhr den Gewölbebau. Mächtige, kuppelige Gewölbe überhöhen die jeweils quadratischen Raumteile und binden jeden sichtbar zur Einheit im Ganzen, besonders dann, wenn die Gewölbe mit acht Rippen unterlegt sind. Durch diese kuppelige Gewölbeform, die über Hamburg von Westfalen her in das Land kam, gliedert sich der Raum in große, voll klingende Strophen, jeder Raumteil gewinnt eine eigene Mitte und setzt sich durch Mauervorsprünge vom anderen ab, steht aufrecht in sich und rundet sich wohlig durch die volltönende Gewölbehöhlung aus. Wenn solches räumliche Geschehen durch die bedrängenden Mauermassen noch ausdrücklicher wird, und ein Gegenspiel von Freiheit und Bindung anhebt, dann fassen wir in diesen Föhringer Kirchen bei aller elementaren Einfachheit offenbar doch ebenso ein Zeugnis der Landschaft und ihrer Menschen wie eine Aussage niederdeutschen Raumwillens der Mitte des 13. Jahrhunderts. Das ist weniger programmatisch als in Westfalen, in Herford oder im Dom zu Münster, einfacher und einfältiger zugleich, aber nicht weniger gültig.

Die Nikolai-Kirche in Boldixum auf Föhr

Reihenhöfe in Boldixum auf Föhr

Zu solchem Raum steht auch die Ausstattung, die besonders in Nieblum alle Beachtung verdient, sei es der Flügelaltar des endenden 15. Jahrhunderts mit seinen gemalten Außenseiten, angesichts derer man an Niederländisches, aber mehr noch an wiederum Westfälisches denkt, sei es aber auch die überlebensgroße Figur des Täufers Johannes, der auf König Herodes tritt. Auch diese in der Mitte des 15. Jahrhunderts geschnitzte Gestalt stimmt in ihrer Grobschlächtigkeit gut zum gedrungenen Raum. Dazu aber gesellt sich der prächtige Taufstein, der um 1200 entstanden und dem verwandt ist, der sich in der Kirche zu Munkbrarup in Angeln findet und wohl vom gleichen Steinmetzen geschlagen wurde, der dort tätig war. Der Kampf gegen das Böse ist auf dem Nieblumer Stein dargestellt. Ein Gewappneter geht mit dem Schwert ein zwitterhaftes Untier an, das dabei ist, einen Menschen zu verschlingen. Die Bedeutung dürfte die sein, daß die Taufe aus den Fängen des Bösen befreit und unter Christi Schutz stellt. Das letztere mag der Sinn der zweiten Darstellung sein. Wie dem auch sei, die symmetrische Wiederholung der Figuren, das Ineinandergefügte der Formen zeigt ein Prinzip, das späterer Volkskunst eigen wird und sich hier schon bewährt, aber zugleich vor dem großen Hintergrund vorderasiatischen Motivreichtums gesehen werden muß. Welche geschichtlichen Dimensionen öffnen sich schon in einigen wenigen Ausstattungsstücken einer solchen Dorfkirche! Wenn die Kirche dann Einkehr und Heimat für Generationen von Menschen dieses Dorfes geworden ist, begegnet ihnen keine Enge, sondern die Kräfte strömen von weither. Im Schatten solchen Bauwerks konnten die, die Weltmeere durchfahren hatten, gut ihre letzte Ruhe finden. Den Friedhof von Nieblum zu durchwandern und die hohen Stelen zu entziffern, läßt von der Insel in die Weite hinausträumen und führt wieder zurück auf das Schicksal der einzelnen. Es spannt sich das Erleben zwischen den Polen, wenn man sich die Denkmäler deuten läßt. Was Felix Schmeißer einmal gesagt hat und womit er Föhr als Ganzes einfangen wollte, gilt auch im besonderen, Ballade und Idyll wohnen hier eng beieinander.

Anders ist wieder das stolzere, herbere Sylt. Hier kommt die Idylle kaum auf, aber es ist auch weniger Geschichte in seinem Bewußtsein. Schon die Gestalt mag das Schicksal geworden sein. Sylt ist allenthalben dem Strand zugewandt. Kaum ein Weg führt landeinwärts, nach Tinnum vielleicht, das Thingplatz der Insel war und wo einst der erste Landvogt von Sylt sein heute nicht mehr besonders ansehnliches Haus errichtete. Aber wer sieht hier anderes als ein kurzes Halt auf dem Wege von Westerland nach Keitum, von der laut anbrandenden See zum stillen

Hof in Alkersum auf Föhr

Blick vom Hindenburgdamm auf Keitum

Wattenmeer im Rücken der Insel. Sylt scheint nichts anderes als der blitzende Schild gegen die von weither anrollenden Wogen, die einmal im Gleichmaß daherlaufen, als sei ihnen der Strand und sein Recht gleichgültig, die dann aber wieder hochspritzen und in die Dünen hineinpeitschen, als wollten sie nun in Stunden zerreißen und wegspülen, was Menschenhand in Jahrhunderten befestigt hat. Sylt ist mit seinen weiten Heidestrecken und mit seinen riesig aufgetürmten, immer in Bewegung begriffenen Dünen keine glückliche Insel, aber man hat sie die königliche genannt. Man ist sich der Notwendigkeit des Widerstandes bewußt, und der läßt die Menschen hier sich recken. Eine besondere Linie ist aber auch den Häusern eigen. Obwohl an Umfang bescheiden, gibt es allenthalben, besonders aber in Keitum, die steilen Giebel über der rundbogigen Haustür, die ohne Wangen sofort über der Trauflinie des Reetdaches aufsteigen und bis zur Firsthöhe des Hauses hochstoßen. Eine oft grazile Eleganz wird durch diese Giebelform dem ganzen Haus gegeben, und aus einem Zweck ist Ästhetik geworden. Eine Ladeluke oder ein Fenster sitzt über der Achse der Haustür darin und legt in die Steilform noch eine unterstreichende Linie. Die Mauerflächen dieses wie ein Schild vor das Haus gestellten Giebels tragen dann noch stolz die Initialen des Bauherrn und seiner Frau sowie die Jahreszahl. Hat der Eigentümer von einem Schiff, das er gefahren,

124

eine Galionsfigur heimgebracht, findet auch sie ihren Platz am Giebel, und besonders prächtig kann es werden, wenn das Haus einmal nicht geweißt ist, sondern im Backsteinrohbau stehenblieb und die Steine, die den Türbogen bilden, in reicherem Muster versetzt, abwechselnd schwarz und weiß gestrichen wurden. Da kommt dann die Freude der Inselfriesen an leuchtenden Farben zum Durchbruch, und was sich in den Kerbschnitzereien ihrer Möbel und Hausgeräte an formbetonender Malerei zeigt, wird an solchen liebevoll gestalteten Bauteilen wieder sichtbar. Es verlohnt sich auch, in die Häuser einzutreten. Manche prächtige, mit Wandfliesen ausgelegte Stube ist noch anzutreffen, manche frisch und froh leuchtend bemalte. Es sei das 1739 erbaute, der Sölring Foriining gehörige „Altfriesische Haus" in Keitum oder das von Westerland-Süderende nach Westerland versetzte Haus des Grönlandkommandeurs Lorenz de Hahn, das von 1699 stammt genannt. Das de Hahnsche Haus, das nun im Schleswig-Holsteinischen Freilichtmuseum steht, hat drei prächtig ausgemalte, hintereinanderliegende Stuben, großzügig trotz aller Enge. Besonders die mittlere ist Zeugnis eines Mannes von Welt, der in Sage und Dichtung genug eingegangen ist. Das war die Zeit, als die Sylter als Walfänger mit 260 Schiffen Kurs nach Norden nahmen und an die 38 000 Wale fingen. Daran erinnern noch stolz hier und auch auf Föhr die Gartentore, die aus den aneinandergelehnten Kiefernknochen der Wale erstellt sind. Aus Oevenum auf Föhr stammt das aus 30 Platten bestehende Fliesenbild, das sich im Flensburger Museum befindet und einen Walfang zeigt, an dem eine ganze Armada beteiligt ist. In manchem Sylter Haus hängen noch die Bilder breitbauchiger Segelfregatten unter holländischer oder hamburgischer Flagge, die an diese Großzeit erinnern.

Zum Westen weisen die Fahnen, zum Westen aber auch Sylts Hauptkirche, die zu Keitum, durch den Namen, den man ihr einst gegeben, denn der Severin ist ein Kölner Lokalheiliger. Geschnitzt und gemalt erscheint er als Bischof gekleidet im Altaraufsatz in Keitum, aber auch im Altar der Morsumer Kirche ist er dargestellt. Beide Bauten nutzten neben behauenen und unbehauenen Feldsteinen und Backsteinen in den jüngeren Teilen Tuff als Baumaterial. Dieser aus der Eifel stammende und über den Rhein und die See nordwärts gebrachte, sich jedem Formwillen ergebende Stein war vorher schon am Dombau zu Ripen verwandt und auch am Dom zu Schleswig wieder aufgenommen. In Keitum ist besonders die halbrunde Apsis in Tuffstein gestaltet, anders als es in Ripen und den diesem Dom benachbarten Bauten war, nicht in einer Weise, die sehr deutlich den am Rhein geläufigen Formfolgen nachgeht, anders auch als in Schleswig, wo die Tuffsteinteile nicht wesentlich anders aussahen als die, die in Granitquader gebildet zu werden pflegten. In Keitum beachten wir die Umrandung des Ostfensters und dann die Gesimsfolgen darüber. Solche Zahnschnitte und Tropfenbänder, die wie Kerbschnitt wirken, solche wie Bordüren hängenden Gesimse kennt zwar auch die dänische Architektur der ersten Hälfte und Mitte des 13. Jahrhunderts, aber sie zehrt dann zu einem guten Teil aus südlichen Quellen. In der Dichte wie es in Keitum erscheint, ist es im Norden ohne Vergleich. Einfacher sind Chorraum und Langhaus, im ganzen aber doch schmuckfreudiger, nur in der Gesamtgestalt gedrungener, als es die Föhrer Kirchen sind. Gegipfelt wird es dann wieder durch

Hof in Keitum auf Sylt

den Turm, der zwar erst aus spätgotischer Zeit stammt, aber das Werk vollendet, das ein edles und bemessenes Gehäuse einer Einkehr ist. Manches reizvolle Zeugnis naiven und doch so sicheren volkstümlichen Bildschaffens birgt das Innere und weist dieses als Ort aus, dem die Inselbewohner das Beste verehrten. Mit Recht ruft deshalb der hochragende Turm nach allen Seiten. Mögen auch die neuen Kirchenbauten in Westerland die offenbare alte Ordnung verlassen und sich nicht mehr unterordnen, wie es Morsum und die alte Kirche von Westerland taten, die Würde der Hauptkirche rührt es nicht an.

Wir wandern von der einsam gelegenen Kirche in das Dorf mit seinen gepflegten alten Reetdachhäusern, seinen üppigen Gärten hinter den Steinwällen, erinnern uns, daß hier 1793 Sylts größter Sohn, Uwe Jens Lornsen, geboren wurde, dem die Keitumer ein Denkmal setzten und dessen Geburtshaus sie erhalten wollen. Die Idylle verweht. Aus diesem Dorf und von dieser Insel an der Peripherie ging der Mann aus, der von burschenschaftlichem Geist erfaßt, Schleswigs und Holsteins engeren Zusammenschluß, die Lösung von Dänemark forderte, der 1830 ein einiges Deutschland unter Preußens Führung und unter Ausscheiden Österreichs als politisches Ziel sah. Von Sylt aus wurde die Eider überwunden und der kommenden Geschichte der Weg gezeigt, „mit der Wärme eines wahren Vaterlandsfreundes, mit männlichem Freimut, mit würdiger Einfachheit". Wie uns scheint, war hier Friesentum inkarniert

Die Menschen dieses absonderlichen Landes

Dieses Friesentum ist oft genug geschildert und kaum findet sich ein Versuch zu deuten, in dem nicht das „Lewer duad üs Slaaw" beschworen wird. Der Friese steht dazu, obwohl er den pathetischen Devisen sonst nicht gern nachhängt. Dieser Wille zur Freiheit kann sich in der Aufsässigkeit zeigen, wenn er anders nicht zu seinem Recht kommt. Der „Befreier Schleswig-Holsteins", Uwe Jens Lornsen, der die deutsche Zukunft sah, hatte zwar im Genfer See den Freitod gewählt. Aber als seine Mission doch noch zum Erfolg zu kommen schien, schwenkte ein anderer Friese, der abenteuerliche Harro Harring, die Stammesfahne über den Bredstedter Marktplatz und forderte, als man allenthalben im Lande um die Früchte der Erhebung vom April 1848 und um ein einiges Schleswig-Holstein fürchtete, einen friesischen Freistaat. Harring war wie Lornsen aus der Burschenschaftsbewegung hervorgegangen, hatte überall da sich eingestellt, wo in Europa um Freiheiten gekämpft wurde, hatte 1832 in seinem Revolutionslied gesungen: „Für das heil'ge deutsche Recht / gegen Fürst und Fürstenknecht." Jetzt schwärmte er für ein einiges Skandinavien bis zur Eider. Auch Harrings Ende war tragisch, aber seine aus Opposition geborene Idee fand kein Echo. Die Heimat hat Harro Harring kein Denkmal gesetzt. Doch für beide, für Lornsen und für Harring, gilt das gleiche alte Wort:

Audax, incipiens est Frisia, casta, rebellis.
Sunt Frisones fortes et sunt ad bella leones.

So durchgängig der Freiheitswillen aus dem Leben am Meer, aus der steten Bedrohung bis zum Trotz gestärkt, auch ist, zu einem eigenen friesischen Staat oder einem Staat mit Friesland als Schwerpunkt ist es nie gekommen.

Die Nordfriesen, einst Rückwanderer aus dem Raum zwischen Zuidersee und Jadebusen, haben auf den Inseln und in den Marschen der schleswigschen Westküste, in der einstigen Heimat der Ambronen, aus der sie hervorgegangen, Fuß gefaßt, und nur, wenn der Boden unter ihnen abriß, ihn aufgegeben. Sie besaßen ihre eigene Verfassungsform in der Hardeneinteilung und lebten nach eigenem ungeschriebenen, aber gewußten Recht. Wohl standen sie im dänischen Herrschaftsbereich, in ihren Sagen aber lebte der Volkskönig Finn, der im Kampf mit den Dänen untergegangen. In dem Streit Knuds Magnus Sohn und Sven Grathes um die Königskrone in Dänemark standen die Friesen 1150 entgegen den Schleswigern auf Knuds Seite und unterlagen. 1227 hielten sie treuer zu König Waldemar, als es zweckmäßig war; dem Sohn Abel, der durch Brudermord zur Krone kam, verweigerten sie aber die Landsteuer, und als Abel sie 1252 mit Gewalt einholen wollte, schlugen die vereinten friesischen Bauern sein Heer auf dem Königskamp bei Oldenswort vernichtend, und der König selbst fiel von der Hand des Pellwormers Wessel Hummer am Milderdamm bei Husum. Sie haben sich immer wieder auf Privilegien und Freiheiten berufen, die ihnen von Karl dem Großen her gegeben sein sollten. Dieses von Süd- und Nordfriesen so oft zitierte Privileg war eine Erfindung, die erst wenige Jahrzehnte zurücklag, das aber dennoch für einen Teil zum Tragen kam. Als freie Friesen behaupteten sich die der Uthlande. Sie lebten „de lege Frysonica" und wurden Königsfriesen gegenüber den Herzogsfriesen auf der Geest genannt, die zum Herzogtum Schleswig zählten und „de lege Danica" waren. Als Herzog Erich III. die Uthlande dann doch dem Herzogtum anschloß, mußte er 1313 diese Ansprüche wieder dem König abtreten. Aber die Friesen widerstanden den Wünschen des Königs, diesen Bereich durch bessere Wege zu erschließen. Als dann die große Stunde der Schauenburger schlug und Graf Gerhard der Große ganz Schleswig vereinnahmte, wurden ihm im Kieler Vergleich von 1332 die friesischen Uthlande als Pfandgut zugesprochen. Die Friesen aber paktierten nun mit dem dänischen Königssohn Otto und mußten seine Niederlage auf der Tap-Heide bei Viborg gegenüber dem großen Gerd als eine eigene erkennen. Doch dann steigt mit Gerds Tod wieder Dänemarks Macht. Das Ränkespiel Waldemar Atterdags endet damit, daß die friesischen Uthlande neuerlich an Holstein fallen. Es ist hier nicht der Ort, solches Geschehen um Nordfriesland eingehender zu verfolgen und die Gründe zu erläutern, weshalb bei einer Aufteilung die Westerharde Föhr und List 1435 an das Amt Ripen fielen und so bis 1864 zum Königreich Dänemark

Hof in Keitum auf Sylt

Hof in Keitum auf Sylt

zählten, während den Eiderstedtern 1454 und dann von Christian I. 1460 die besondere Selbständigkeit bestätigt wurde. Immer wieder sehen wir Freiheitsdrang, Opposition und kriegerische Handlungen gegen den, der die Regierungsgewalt innehat. Wir sehen Landesteilungen und Wiederherstellungen, die Zeit unter den Gottorfer Herzögen, die sich bald gegnerisch zu den dänischen Königen stellten und auch Nordfriesland manches Ungemach brachten, wir sehen dann die durch Wohlstand ausgezeichnete Zeit unter der Königskrone nach 1721. Aber eben aus diesem Nordfriesland ging Uwe Jens Lornsen hervor. Und ebenso wie 1844 auf dem Sängerfest in Schleswig das Schleswig-Holstein-Lied erklang, so brachte das Tonderner „Intelligenzblatt" zum Bredstedter Friesenfest im gleichen Jahr politische Friesenlieder:

> *Wo alle Knechte wurden,*
> *Da blieb der Friese frei*
> *Von Titeln und von Orden,*
> *Von Adel, Klerisei.*

Drum ist der Stamm der Friesen
Des deutschen Namens wert.
Drum ist er hochgepriesen
Und männiglich geehrt!

Und 1847 schrieb I. A. Petersen in seinen „Wanderungen durch die Herzogtümer"
(Flensburg 1847): „Wo Friesen und Dänen beisammen, da ist die Einigkeit ge-
wöhnlich von kurzer Dauer." Vier Jahre nach dem Friesenfest suchte Harro Harring in Bredstedt diese Friesen, natürlich vergeblich, vom Gegenteil zu überzeugen.

Welch absonderliches Phänomen! Es hat zu manchen Fragen geführt und hier
und da Mißtrauen geschaffen. Doch der Freiheitswille der Friesen, der immer wieder Auftrieb zur Tat war, ist offenbar. Nur wäre es falsch, aus ihm ein politisches
Konzept abzuleiten, das lange Geschichte bestimmen sollte. Die menschliche Freiheit steht hier höher als die politische, und was sich bezeugt, ist Stammesbewußt-
sein, nicht Staatsbewußtsein. Das Friesentum wird bekannt, und dieses Bekenntnis
zum Stamm mindert sich nicht, wie es erwartet werden könnte, wenn Stamm nur
Ahnengemeinschaft wäre, die in immer fernere Vergangenheit verflüchtet. Es ist
zugleich eine Idee, die die Nordfriesen nun seit Jahren auch mit den Ost- und

St.-Severus-Kirche auf Sylt

Westfriesen, die durch Jahrhunderte so getrennt voneinander gelebt, wieder zusammenführt. Aber weil es keine staatspolitische Idee war, die das Tun der Friesen in Vergangenheit und jetzt wieder bestimmt, ist das Reden von Minderheiten und unerfüllten Ansprüchen fehl am Platz. Es ist die echte Liebe zur Heimat, die hier zur Kraft wird, und es zeigt sich deutlich, daß, weil hier eine Idee mitwirkt, Heimat nicht nur der in allem Schicksal schließlich gebliebene Boden ist, den die Ahnen in den Uthlanden einst mit eigener Hände- und Geisteskraft erhielten und der den Nachfahren Verpflichtung auferlegt. Der Friese hat sich diesen Boden durch keine sentimentalische Spekulation fragwürdig machen lassen. Was ihm aber wesentlich Heimat ist, das ist das Bewußtsein, zu einer Gemeinschaft stolzer, sich in Freiheit wissender Menschen zu gehören, deren jeder das Zeug zur Persönlichkeit hat. Friese zu sein ist Aufruf, und der gibt das eigene Leuchten, das in den Augen dieser Menschen liegt.

Aber ist das nicht eine Apotheose, die der Zeit vor fünfzig Jahren anstand, doch heute allen spürbaren Tendenzen widerspricht? Wir meinen, daß eben heute und in nächster Zukunft, wo Staatsgrenzen entwerten und die Völker sich zur Integration entschließen, die Landschaften, Stämme und besonderen Bewußtheiten Bestand bewahren sollten. Denn wenn das Größere abendländisch und Europa bleiben will, müssen organische und geschichtlich bedingte Differenzierungen weiter gelten. Wenn wir uns in die Wesenheit einer Landschaft versenken, diese neben anderen erleben, wird unser eigenes Leben erfüllter. Unser Beitrag, den wir in aller Bescheidenheit gegeben haben, der einführen sollte, um die Liebe zum bunten Leben zu mehren, scheint uns daher kein Anachronismus. Wir beziehen uns auf einen anderen Spruch, der in Nordfriesland umgeht:

Rümm Hart, klar Kimmeng!

Das ist eine Losung, die sich der gibt, der über die See sieht, das Gegenüber in fernem Abstand. So wie die Eiderstedter sich gern auf einer oder drei Inseln wähnen, obwohl es längst landfest geworden ist, so haben wir hier das ganze Nordfriesland wohl zu sehr als ein in sich weilendes Eiland gesehen, haben es vielleicht, wie es der Zeichner Hans Philipp vor mehr als dreißig Jahren getan, mit viel Rückschauwehmut betrachtet. Was gilt davon noch?

Sicherlich, in Nordfriesland hat sich, seitdem Hans Philipp es durchwanderte, viel geändert. Aus drei Landkreisen ist einer geworden, die Kolonistenstadt Friedrichstadt kam hinzu, selbst die Eiderstedter haben es bald hingenommen. Das Land ist in einer bis da ungeahnten Weise dem Süden angebunden, eine Brücke springt von Tönning nach Lunden, und wichtiger noch ist die Tunnelstraße innerhalb des Eidersperrwerkes. Wo Watt und Weideflächen sich in Weite verliefen, ist nun ein Riesenwerk der Technik gebaut, eine gigantische Torfolge, die einem träge von Osten anfließenden Strom Beschleunigung gibt oder von See kommenden Hochfluten den Eintritt verwehrt. Das bedeutet für das Bauernland bessere Wasserverhältnisse und dem Fluß weniger Versandung. Aus ähnlichen Erwägungen war schon 1933 eine Schleusenanlage, weit landeinwärts bei Nordfeld, gebaut, die versagte und die Versandung vermehrte. Jetzt ist das riesenhafte Klappenwerk an der Eidermündung entstanden, zu dem man sich Regimenter von Zyklopen als Hilfsvölker vorstellen möchte, das aber mit wenigen E-Schaltern bewegt wird. Dieses Eidersperrwerk wird von Touristenströmen besucht und bestaunt. Ebenfalls einer wirksameren Wasserhaltung dient das weit ausgreifende Speicherbecken bei Ockholm, und der dort entstandene Hafen ermöglicht bequemere Fahrten nach den Halligen, als sie vordem mit dem kleinen Postboot waren. Zwar war man in diesem dem Wasser und den Seehundgründen näher.

Und die Halligen sind nicht mehr die Inseln der Gottverbundenheit. Auf Hooge und Langeneß muß man acht geben, daß einem die benzinpustenden Automobile nicht auf die Hacken fahren. Trinkwasser und Strom kommen für alle vom Festland herüber. Idyllen schwinden, Badestrände wachsen, Werben um Jugend oder Gesundheitsdienst sind beides das große Geschäft. Manch vertrautes Bild ging verloren, die Einsamkeit der Schobüller Kirche wird durch eine dünne Friedhofshecke auch nicht gewahrt, „die kleine Kirche am Meer" ist ein Werbeslogan. Über die munteren Trödelbasare von Westerlands Friedrichstraße fallen die Schatten übersetzter Hochhäuser, und wo noch in den Städten an der Bundesstraße 5 Atmosphäre war, knallen viel Popfarben.

Dennoch ist Nordfriesland geblieben, es ist noch in den Häuserzeilen hinter den Deichen und in ernteschweren Kögen, wenig abseits der großen Straßen kann man es weiter erleben. Da stehen noch die alten reetgedeckten Häuser, niedrig, aber mit mächtigen weißen Toren. Da sind noch die Dörfer auf den Inseln, Keitum ebenso wie Oldsum und Norddorf, auf dem Festland Emmelsbüll und Klockries und viele andere mehr. An den Binnenhäfen von Husum und Tönning ist trotz allen Treibens noch gute Gehaltenheit, könnte man mit dem Zeichenstift erfüllte Bilder gewinnen.

Geblieben sind auch die Friesen mit all ihrem guten Willen und ihrer Querköpfigkeit. Um das überlieferte Gut bemühen sich nicht nur die, die zwischen Eider und Wiedau geboren sind, auch die das Land und seine Menschen, die nicht davon zu trennen, lieben gelernt haben. Ob friesische Renaissancen zwar von Dauer sind, werden die Eifrigsten am wenigsten garantieren. Aber die wiederholten Renaissancen sind eine Eigenheit in Nordfriesland und sonst wohl kaum so anzutreffen. Da aber der Wille im Leben wesentlicher ist als der Erfolg, braucht man keinen Unkenrufen nachzuhängen.

Verzeichnis der Abbildungen